铁路职业教育铁道部规划教材

铁路客运习题与能力训练

（第二版）

彭 进 主 编

崔之川 主 审

中国铁道出版社

2016年·北京

内 容 简 介

本书是铁路职业教育铁道部规划教材，主要包括客运运价、旅客运输条件、行包运输、旅客运输计划与组织、优化旅客列车编组结构及开行方案、客运站和旅客列车工作组织、旅客运输阻碍和事故处理、铁路旅客记录及电报、铁路国际旅客运输、路内运输和军事旅客运输的习题及参考答案。与《铁路客运组织》《铁路客运规章教程》配套使用，解决习题数量不足、动手能力缺乏的问题。为了培养学生综合运用所学的铁路旅客运输的基础理论和专业知识，提高学生的实际动手能力和专业技能，特别增加了毕业设计的内容。

本书主要适合高职铁道交通运营管理专业、中专铁道运输管理专业师生使用。

图书在版编目(CIP)数据

铁路客运习题与能力训练/彭进主编. —2 版. —
北京：中国铁道出版社，2012.5（2016.8 重印）
铁路职业教育铁道部规划教材
ISBN 978-7-113-14649-8

Ⅰ.①铁… Ⅱ.①彭… Ⅲ.①铁路运输－旅客运输－
职业教育－习题集 Ⅳ.①U293-44

中国版本图书馆 CIP 数据核字(2012)第 091075 号

书　　名：铁路客运习题与能力训练
作　　者：彭　进　主编

责任编辑：金　锋　　　电话：010-51873125　　　电子信箱：jinfeng88428@163.com
封面设计：崔丽芳
责任校对：张玉华
责任印制：李　佳

出版发行：中国铁道出版社(100054,北京市西城区右安门西街 8 号)
网　　址：http://www.tdpress.com
印　　刷：北京鑫正大印刷有限公司
版　　次：2010 年 2 月第 1 版　2012 年 5 月第 2 版　2016 年 8 月第 6 次印刷
开　　本：787 mm×1 092 mm　1/16　印张：12.75　字数：310 千
书　　号：ISBN 978-7-113-14649-8
定　　价：25.00 元

第二版前言

本教材是在 2010 年出版的《铁路客运习题与能力训练》的基础上修订而成的,是专门为铁路高等职业技术学院铁道交通运营管理专业编写的、与高职《铁路客运组织》相匹配的《铁路客运习题与能力训练》教材。

在修订过程中注意以现场岗位作业过程为导向,围绕铁道交通领域职业岗位的资格标准、生产作业流程及作业标准来设计内容,实现课程的培养目标与岗位的职业标准融通对接;跟踪铁道交通运输业的发展动态,吸纳近年来铁路旅客运输采用的新科技、新设备和现代化管理等手段,结合最新的《铁路旅客运输规程》、《铁路旅客运输办理细则》、《铁路客运运价规则》、《铁路旅客运运输管理规则》、《国际客运运价规程》、《国际旅客联运协定》、《国际旅客联运协定办事细则》等有关规章,对教材内容进行了充实、更新和提高,并根据各铁路高职院校、各铁路局站段干部职工培训在教学过程中反馈的意见和建议作了调整和修改。本次修订还特别增加了毕业设计的内容,以利培养学生综合运用所学的铁路旅客运输的基础理论和专业知识,提高学生的实际动手能力和专业技能。

参加本次修订编写的人员如下:由柳州铁道职业技术学院彭进主编、崔之川主审。参加编写的有柳州铁道职业技术学院彭进、崔之川、雷莲桂,南宁铁路局客运处苏金焕。

在本次修订编写过程中,得到了南宁铁路局客运处、铁道运输专业教学指导委员会、各铁路高职院校等有关同志的大力支持,在此特表示诚挚的谢意。

编　者
2012 年 4 月

第一版前言

本书由铁道部教材开发小组统一规划,为铁路职业教育铁道部规划教材。本书是根据铁路职业教育铁道运输专业教学计划"铁路客运组织"课程教学大纲编写的,由铁路职业教育铁道运输专业教学指导委员会组织,并经铁路职业教育铁道运输专业教材编审组审定。

铁路客运组织是铁路运输工作的基础。为了适应铁路职业教育迅速发展的需要,巩固所学专业知识,提高学习效果,进一步提高客运专业实际操作水平和组织管理能力,从而更加安全、迅速、经济、准确地完成铁路旅客运输任务,为此在《铁路客运组织》教材中复习思考题的基础上,我们编写了与《铁路客运组织》相匹配的《铁路客运习题与能力训练》教材,力求学生较好地理解和运用客运规章,以提高理解和解决实际问题以及遇到特殊情况的应变能力。

本教材主要包括以下几个方面内容:

1. 铁路客运运价。重点是对旅客票价、行李包裹运价、特定运价和客运杂费的构成要素、收费依据、计算及核收的有关规定等方面内容的习题与能力训练。

2. 旅客运送条件。重点是对车票的发售规定、旅客乘车条件、退票及旅行变更(含非正常情况下代用票的填写),车票查验及不符合乘车条件的处理,携带品及违章携带的处理等方面内容的习题与能力训练。

3. 行李包裹运输。重点是对行包的托运和承运,行包的运送和运输变更,行包的违章运输及行包事故处理等方面内容的习题与能力训练。

4. 旅客运输管理。重点是对旅客运输计划,客运站、车工作组织,旅客运输事故处理及客运记录编制和电报拍发,国际旅客联运,路内运输及军事旅客运输等方面内容的习题与能力训练。

书后附有各章题目的参考答案。

本教材由柳州铁道职业技术学院彭进主编,柳州铁道职业技术学院崔之川主审。参加编写的有柳州铁道职业技术学院崔之川、雷莲桂,南宁铁路局客运处苏金焕。

尽管编者作出了很大的努力,但限于掌握的资料和编者的水平,书中定有不少缺点和疏漏,恳望广大师生和读者批评指正。

编　者

2009 年 12 月

目　录

第一章　客运运价 ……………………………………………………… 1

第二章　旅客运送条件 ………………………………………………… 11

第三章　行包运输 ……………………………………………………… 39

第四章　旅客运输计划与组织 ………………………………………… 50

第五章　优化旅客列车编组结构及开行方案 ………………………… 61

第六章　客运站和旅客列车工作组织 ………………………………… 64

第七章　旅客运输阻碍和事故处理 …………………………………… 67

第八章　铁路客运记录及电报 ………………………………………… 73

第九章　铁路国际旅客联运 …………………………………………… 80

第十章　路内运输 ……………………………………………………… 87

第十一章　铁路军事旅客运输 ………………………………………… 101

第十二章　毕业设计——铁路客车方案编制 ………………………… 106

　第一节　设计目的和要求 …………………………………………… 106

　第二节　设计内容 …………………………………………………… 106

　第三节　设计指导书 ………………………………………………… 110

参考答案 ………………………………………………………………… 124

参考文献 ………………………………………………………………… 198

第一章
客运运价

一、填空题

1. 计算旅客票价的起码里程：客票为（　　）km，加快票为（　　）km，卧铺票为（　　）km，空调票为（　　）km。

2. 计算行包运价的起码里程：行李为（　　）km，包裹为（　　）km。

3. 包用车辆产生空驶时，应按每车公里核收空驶费，其车辆空驶区段的里程按（　　　　　　　　　　）确定。

4. 国家铁路与地方铁路在办理旅客直通过轨运输时应（　　　　　　　　　　）计算车票票价。

5. 国家铁路与地方铁路在办理行包直通过轨运输时应按（　　　　　　　　　　）计算运费。

6. 旅客退票费，按每张车票面额（　　）计算，其尾数按（　　　　）处理。

7. 在办理旅客运输中所核收的手续费，其收费标准：列车上补卧铺为（　　　　　　），其他为（　　　　）。

8. 行李、包裹变更手续费，其收费标准：装运前为（　　　　　　　　），装运后为（　　　　　　　）。

9. 行李运价率，根据惯例及各交通部门通用的计价办法，按（　　　　　　　　）计算。

10. 包裹运价率，以（　　　　　　　　）为基数，其他各类包裹运价率则按其加成或减成比例计算。

11. 旅客凭客票托运的行李重量在（　　）kg 以内，按行李运价计算，超过时对超过部分的重量按（　　　　　　　　）计算。

12. 旅客凭一张客票第二次托运行李时，不论第一次托运重量多少，都按（　　　　　　）计价。

13. 旅客托运行李至客票到站以远的车站时，应分别按（　　）和（　　）运价计算。

14. 行李、包裹运费按每张票据计算，起码运费为（　　）元。

15. 旅客票价分为两大类：一是（　　　　　　）；二是（　　　　　　）。

二、判断题

1. 特定运价是对一些特殊运输方式和特殊运价区段而制定的客运运价。（　　　）

2. 旅客票价分为硬座、软座客票票价两部分。（　　　）

3. 运价不同的物品混装为一件时，按其中运价低的计算。（　　　）

4. 客运杂费是指除去旅客车票票价以外,铁路企业向旅客提供辅助作业所收的费用。 （　　）

5. 铁路旅客票价,其基本票价率由铁路局拟定,报国务院铁路主管部门批准。 （　　）

6. 计算运价所应用的里程,称为运价里程,运价里程分为客运运价里程和货运运价里程。 （　　）

7. 硬座客票票价率是旅客票价的基础,是决定全部旅客票价水平最重要的因素。 （　　）

8. 旅客票价均由基本票价、保险费、软票费、候空费、订票费组成。 （　　）

9. 快速加快票价是按普快票价 2 倍计算。 （　　）

10. 所有行李、包裹都按物品实际重量计算运价。 （　　）

11. 包用棚车装运行李,如调用棚车产生空驶时,应核收空驶费。 （　　）

12. 包裹运价里程按实际径路计算。 （　　）

13. 一旅客托运自行车一辆,可按规定重量 25 kg,核收行李运费。 （　　）

14. 包裹运价率是以四类包裹运价率为基数,其他各类包裹运价率按四类包裹的运价率加成或减成的比例确定。 （　　）

15. 国家铁路的客运运价均以元为计算单位。 （　　）

三、选 择 题

1. 铁路旅客票价,是铁路旅客运输产品的销售价格,国家铁路的基本票价率由（　　）。

A. 站段拟定,报铁路局批准

B. 铁路局拟定,报铁道部批准

C. 国务院铁路主管部门拟定,报国务院批准

2. 铁路旅客客票票价内含保险费,保险费按硬座客票基本票价的（　　）计算。

A. 2%　　　　　　　　B. 3%　　　　　　　　C. 4%

3. （　　）是旅客票价的基础,是决定全部旅客票价水平最重要的因素。

A. 硬座客票票价率　　B. 软座客票票价率　　C. 加快票票价率

4. 旅客票价从（　　）km 起实行递远递减。

A. 101　　　　　　　　B. 201　　　　　　　　C. 301

5. 新型空调列车的各票种票价,分别在普通车客票、加快票、卧铺票、空调票的票价基础上向上浮动（　　）计算。

A. 20%、30%、40%　　B. 30%、40%、50%　　C. 40%、50%、60%

6. 计算旅客、行包运输的运价所采用的里程为（　　）。

A. 工务实际里程　　　B. 货运运价里程　　　C. 客运运价里程

7. 包裹运价率,以（　　）类包裹运价率为基数,其他各类包裹运价率则按其加成或减成比例计算。

A. 一　　　　　　　　B. 二　　　　　　　　C. 三

8. 行李运价里程,按（　　）径路计算。

A. 实际运送　　　　　B. 指定　　　　　　　C. 最短

9. 押运包裹的运价里程,按（　　）径路计算。

A. 指定　　　　　　　B. 最短　　　　　　　C. 实际运送

10. 行李、包裹均按重量计算运价,其起码计算重量为（　　）kg。

A. 5 　　　　　　　　 B. 10 　　　　　　　　 C. 20

11. 一名旅客凭客票可托运行李 50 kg,如第一次托运 20 kg,第二次又托运 10 kg,对第二次托运的行李应按(　　)计价。

A. 行李运价 　　　 B. 行李加倍运价 　　　 C. 包裹运价

12. 一残疾旅客凭客票托运一辆残疾人用车实重为 46 kg,在计算运费时计算重量是按(　　)kg。

A. 25 　　　　　　　　 B. 46 　　　　　　　　 C. 50

13. 凡旅客要求单独使用加挂车辆或加开专用列车时,均按包车办理。包车人与承运人签订包车合同并预先缴付相当于运输费用(　　)的定金。

A. 10% 　　　　　　　 B. 20% 　　　　　　　 C. 30%

14. 包用车辆使用空调设备时,还应按核收客票票价的人数核收空调费。娱乐车、餐车的空调费按使用费的(　　)计算。

A. 20% 　　　　　　　 B. 25% 　　　　　　　 C. 30%

15. 硬卧上、中、下铺的票价率分别是硬座票价率的(　　)。

A. 72%、80%、88% 　　 B. 100%、110%、120% 　　 C. 110%、120%、130%

16. 某单位包用客车一辆,在途中要求停留,该车于当日 12:01 到达某地,第三日 12:01 又从该地挂出,其计费停留为(　　)。

A. 2 d 　　　　　　　 B. 2.5 d 　　　　　　　 C. 3 d

17. 铁路客运杂费的收费项目和收费标准,是由(　　)。

A. 铁路局客运主管部门规定

B. 国务院物价主管部门规定

C. 国务院铁路主管部门规定

18. 属于为加强资金与物资管理所核收的客运杂费项目是(　　)

A. 保价费 　　　 B. 送票费 　　　 C. 搬运费

19. 旅客票价按旅客乘坐的列车等级和车辆类型、设备条件等因素分为(　　)

A. 客票票价和附加票票价

B. 普通客票票价和新型空调车票价

C. 硬座和软座票票价

20. 某单位需包用客车 1 辆,运费 13 560 元,该单位应预先支付(　　)定金。

A. 2 712 元 　　　　 B. 271 元 　　　　 C. 1 356 元

21. 包用餐车合造车使用费,每日每辆(　　)(不足 1 d 按 1 d 核收)。

A. 1 400 元 　　　　 B. 1 800 元 　　　　 C. 2 500 元

22. 客运运价由(　　)构成。

A. 旅客票价和行李、包裹运价

B. 行李、包裹运价和客运杂费

C. 旅客票价和客运杂费

23. 客票票价分为(　　)。

A. 硬座、软座客票票价

B. 客票、加快票、卧铺票票价

C. 加快票、卧铺票、空调票票价

24. 计算包裹运价的起码里程为(　　)。

A. 400 km　　　　　　B. 200 km　　　　　　C. 100 km

25. 行李、包裹计费的起码重量为(　　)。

A. 10 kg　　　　　　B. 5 kg　　　　　　C. 3 kg

26. 过轨运输是指(　　)。

A. 国家铁路与境外铁路间的相互运输

B. 国家铁路与窄轨铁路间的相互运输

C. 国家铁路与地方铁路、合资铁路及特殊运价区段间的相互运输

27. 特定运价是对一些(　　)而制定的客运运价。

A. 包车和租车

B. 列车挂运和行驶

C. 特殊运输方式和特殊运价区段

28. 棚车代用客车时,客票票价按硬座客票(　　)计算。

A. 40%　　　　　　B. 半价　　　　　　C. 60%

29. 包车时,(　　)按日计算。

A. 停留费　　　　　　B. 挂运费　　　　　　C. 行驶费

30. 包用客车,按客车种别、(　　)客票票价。

A. 定员核收全价

B. 旅客实际乘车人数核收全价

C. 旅客实际乘车人数分别核收全价或半价

四、简 答 题

1. 何谓客运杂费?

2. 承运人在旅客、行包运输中付出劳务所核收的客运杂费是指哪些?

3. 旅客基本票价构成的三要素是指哪些?

4. 旅客基本票价是如何计算的?

5. 何谓规定的接算站?

6. 规定的接算站有哪几种形式?

7. 何谓票价递远递减率?

8. 计算行李运费时,对行李运价里程有何规定?

9. 计算包裹运费时,对包裹运价里程有何规定?

10. 行李、包裹计费重量有何规定?

11. 何谓特定运价?

12. 何谓包车停留费?

13. 何谓包车空驶费?

14. 何谓过轨运输?

五、综 合 题

1. 利用运价率和包裹运价里程区段,计算西安—郑州(511 km)36 kg 三类包裹运费。

已知:(1)包裹运价里程区段　　　　　　　(2)三类包裹递减运价率

里程区段(km)	每区段里程(km)
1~100	100
101~300	20
301~600	30

1~200 km　　　0.001 518 元/(kg·km)

201~500 km　　0.001 366 2 元/(kg·km)

501~1 000 km　0.001 214 4 元/(kg·km)

2. 利用运价率和包裹运价里程区段,计算成都—绵阳(115 km)62 kg 三类包裹运费。

已知:(1)包裹运价里程区段　　　　　　　(2)三类包裹运价率

里程区段(km)	每区段里程(km)
1~100	100
101~300	20

1~200 km　　　　0.001 518 元/(kg·km)

3. 一旅客凭柳州—成都(1 587 km)的车票在柳州站托运行李 2 件,重 62 kg。试用理论计算法计算运费。

已知:(1)行李运价里程区段　　　　(2)行李递减运价率

里程区段(km)	每区段里程(km)
1～200	10
201～400	20
401～700	30
701～1 100	40
1 101～1 600	50

区段里程(km)	运价率[元/(kg·km)]
1～200	0.000 586 1
201～500	0.000 527 49
501～1 000	0.000 468 88
1 001～1 500	0.000 410 27
1 501～2 500	0.000 351 66

4. 一旅客凭柳州—衡阳(538 km)的车票在柳州站托运行李 2 件,重 58 kg。试用理论计算法计算运费。

已知:(1)行李运价里程区段　　　　(2)行李递减运价率

里程区段(km)	每区段里程(km)
1～200	10
201～400	20
401～700	30

区段里程(km)	运价率[元/(kg·km)]
1～200	0.000 586 1
201～500	0.000 527 49
501～1 000	0.000 468 88

5. 试用理论计算法计算南宁—永福(385 km)普通车的硬座客快速卧(中铺)票价。

已知:(1)旅客票价里程区段　　　　　　(2)旅客票价递减票价率

里程区段(km)	每区段里程(km)
1~200	10
201~400	20

区段里程(km)	运价率[元/(人·km)]
1~200	0.058 61
201~500	0.052 749

6. 旅客持柳州—长沙的客票一张,第一次托运行李2件,重63 kg,第二次托运行李一件,重16 kg,均要求托运到武昌。试用理论计算法计算运费。

已知:(1)行李运价里程区段　　　　　　(2)行李递减运价率

里程区段(km)	每区段里程(km)
1~200	10
201~400	20
401~700	30

区段里程(km)	运价率[元/(kg·km)]
1~200	0.000 586 1
201~500	0.000 527 49
501~1 000	0.000 468 88

(3)包裹运价里程区段　　　　　　(4)三类包裹递减运价率

里程区段(km)	每区段里程(km)
1~100	100
101~300	20
301~600	30
601~1 000	40
1 001~1 500	50

区段里程(km)	运价率[元/(kg·km)]
1~200	0.001 518
201~500	0.001 366 2
501~1 000	0.001 214 4

7. 试用理论计算法计算南宁—全州(554 km)普通车的硬座客快速卧(中铺)票价。

已知:(1)旅客票价里程区段　　　　　(2)旅客票价递减票价率

里程区段(km)	每区段里程(km)
1～200	10
201～400	20
401～700	30

区段里程(km)	运价率[元/(人·km)]
1～200	0.058 61
201～500	0.052 749
501～1 000	0.046 888

8. 试用理论计算法计算北京西—辛集(348 km)的软座客票票价。

已知:(1)旅客票价里程区段　　　　　(2)旅客票价递减票价率

里程区段(km)	每区段里程(km)
1～200	10
201～400	20

区段里程(km)	运价率[元/(人·km)]
1～200	0.058 61
201～500	0.052 749

9. 一旅客从桂林—衡阳(362 km),试用理论计算法计算硬座客票、普通加快票及硬卧中铺票的票价。

已知:(1)旅客票价里程区段   (2)旅客票价递减票价率

里程区段(km)	每区段里程(km)
1~200	10
201~400	20

区段里程(km)	运价率[元/(人·km)]
1~200	0.058 61
201~500	0.052 749

10. 试用理论计算法计算柳州—上海(1 827 km)软座客票、快速加快票、软卧下铺票空调票票价。

已知:(1)旅客票价里程区段   (2)旅客票价递减票价率

里程区段(km)	每区段里程(km)
1~200	10
201~400	20
401~700	30
701~1 100	40
1 101~1 600	50
1 601~2 200	60

区段里程(km)	运价率[元/(人·km)]
1~200	0.058 61
201~500	0.052 749
501~1 000	0.046 888
1 001~1 500	0.041 207
1 501~2 500	0.035 166

第二章

旅客运送条件

一、填空题

1. 某幼儿园演出队由甲站去北京参加"六一"儿童节汇演。由两名教师带领15名儿童(其中身高1.55 m 3名、1.30 m 5名、不足1.2 m 7名)要求乘某次列车并使用硬卧。甲站应发售( )张全价票,应发售( )张儿童票,最少应发售( )张硬卧票。

2. 车票是( )的总称,它包括( )、( )、( )、( )等。

3. ( )是客票的补充部分,除免费儿童外,不能单独使用。

4. 持通票的旅客在中转站或列车上要求变更乘车径路时,原票价低于变径后的票价时,应补收( )并核收( )。

5. 空调车因空调设备故障,在运行过程中不能修复时,应退还( )。

6. 旅客在乘车过程中,要求一段乘坐硬座车,一段乘坐软座车时,全程发售( ),乘坐软座时,另收( )。

7. 新型空调车的车票,最远只能售至( )站或( )站。

8. ( )票必须和客票的座别、到站相同但需中转换车的旅客,其( )票只发售至换车站。

9. 旅客没有确认车次或上、下行方向坐错了车,或乘车中坐过了站,统称为( )。

10. 动车组列车的学生票只发售( ),同时,动车组列车的学生票按全价的( )计收。

11. 学生票应按( )发售,但有直达列车或换车次数少的( )也可发售。

12. 中国人民解放军和中国人民武装警察部队因伤致残的军人凭( )及因公致残的人民警察凭( )享受半价车票。

13. 应买票而未买票的儿童只补收( ),身高超过1.5 m的儿童持用儿童票乘车时,应补收( ),并均应核收手续费。

14. 持站台票上车并在开车( )后仍不声明时,按无票处理。

15. 旅客因本身的原因(因伤、病不能继续旅行的除外),要求退票时,必须在( )或( )办理。

16. 因铁路责任,给旅客造成在中途站退票时,应退还( ),已乘区段不足起码里程时,退还( )。

17. 变座同时越站、补卧时,在办理上应先( )后( )再( )。

18. 旅客携带不可分拆的整件超重、超大物品以及动物,都应按该件全部重量补收(　　　　　)。

19. 一名成人旅客,携带两名身高1.09 m、一名身高1.23 m和一名1.51 m的儿童乘车,需要购买(　　)张全价票和(　　)张半价票。

20. 车站补无票时手续费为(　　　　　)。

21. 持用涂改的车票乘车时,除按(　　　　　　)处理外,并送交公安部门处理。

22. 越站乘车意味着(　　　　　)的开始,同一城市两个以上车站,旅客由于不明情况,发生越站乘车时,如票价相同,按原票乘车有效办理;票价不同(　　　　　　　)。

23. 黄石—北京西运价里程1 334 km,通票有效期为(　　)d。

24. 旅客携带超重物品的价值低于运费时,可按(　　　　　　　　)核收运费。

25. 旅客遗失物品需转送时,超过5 kg的,到站应按(　　　　　)填发客运杂费收据补收包裹运费。

26. 发生误售、误购在免费送回区间,旅客不得(　　　　　　)。

27. 一名成人旅客携带一名免费乘车的儿童乘车,可免费携带(　　)kg的物品。

28. 发生车票误售、误购在中途站发现,应退还票价时,除编制客运记录外,还应以(　　　　　)将旅客送至正当到站。

29. 旅客最多可免费携带不超过(　　)mL的酒精和(　　)只气体打火机。

30. 对于应买票而未买票的儿童,应该(　　　　　　　　　　　　　　)。

二、判 断 题

1. 附加票是客票的补充部分,均不得单独使用。　　　　　　　　　　(　　)

2. 在任何情况下,承运人应按购票人的要求发售车票。　　　　　　(　　)

3. 旅客因病,卧铺票亦可办理有效期延长。　　　　　　　　　　　(　　)

4. 在铁路旅客运输中,承运人不接受儿童单独旅行。　　　　　　　(　　)

5. 车票的变径手续须在客票有效期内能够到达到站时方可办理。　　(　　)

6. 对经站、车同意上车补票的旅客只补收票价,不核收手续费。　　(　　)

7. 旅客因病退票,已乘区间不足起码里程时,退还全部票价。　　　(　　)

8. 发售加快票时,其发到站之间全部都应有快车运行。　　　　　　(　　)

9. 对被站、车拒绝乘车和责令下车旅客的车票应在车票背面做相应的记载,作为改签或退票的依据。　　　　　　　　　　　　　　　　　　　　　　　　(　　)

10. 车站办理退还票价时,按客、快、卧起码里程分别计算。　　　　(　　)

11. 铁路运输部门在铁路客运合同中应承担告知、救助和损害赔偿义务。(　　)

12. 使用代用票发售车票,票价合计超过万元时,应在记事栏内用大写注明金额。(　　)

13. 学生持学生票要求使用软席时,可享受半价硬座客票、加快票、空调票。(　　)

14. 华侨学生和港澳台学生不回家去境内其他地方旅行观光或探亲访友时,可发售学生票。　　　　　　　　　　　　　　　　　　　　　　　　　　　　　　(　　)

15. 民办大学的学生不能享受学生票待遇。　　　　　　　　　　　　(　　)

16. 发生车票误售、误购补收票价时,应换发代用票,核收手续费。　(　　)

17. 旅客丢失车票,车站应换发新票,列车应换发代用票均核收手续费。(　　)

18. 持站台票送客未下车但及时声明,只补收至前方营业站的票款,核收手续费。(　　)

19. 客、快票的有效期按乘车里程计算。 （ ）

20. 旅客可按车票票面指定的乘车日期、车次在中途停车站上车,但未乘区间的车票票价不退。 （ ）

21. 发售软座客票时最远至本次列车终到站。 （ ）

22. 卧铺票的到站、座别必须与客票的到站、座别相同。但对持通票的旅客其卧铺票只发售到旅客中转站。 （ ）

23. 附加票按指定的乘车日期和车次使用有效,卧铺票随同客票使用有效。 （ ）

24. 旅客持半价票没有规定的减价凭证时,补收全价票价与半价票价的差额,核收手续费。 （ ）

25. 旅客丢失车票,凭车站或列车编制的客运记录可继续乘车。 （ ）

26. 中转换车和中途下车旅客继续旅行时,应先行到车站办理车票签证并核收手续费。 （ ）

27. 发售学生票时,应以近径路或换乘次数少的列车发售。 （ ）

28. 铁路旅客运输有效乘车凭证专指车票。 （ ）

29. 改签后的客票提前乘车时,有效期按原指定乘车日起计算;改晚乘车时,有效期从实际乘车日起计算。 （ ）

30. 车票按形式分,可分为基本票和附加票两大类。 （ ）

31. 某学生假期返家,凭附有减价优待证的学生证,则可购买半价客票、加快票及空调票。 （ ）

32. 身高 1.2～1.5 m 的人可以购买儿童票。 （ ）

33. 残疾人旅行代步的折叠式轮椅,可免费携带,并不计入携带品的重量与体积之范围。 （ ）

34. 旅客同时提出变更座别、铺别和越站时,应先办理越站,后办理变更。 （ ）

35. 旅客提出软座变更为硬卧,此变更属于票价低的变更为票价高的。 （ ）

36. 空调列车因空调设备故障在运行过程中不能修复时,应退还已收空调票价与已使用区段空调票价的差额。 （ ）

37. 身高 1.2～1.5 m 的儿童乘车时,可购买半价客票、加快票和空调票。 （ ）

38. 补收旅客违章携带品手续费为 2 元/件。 （ ）

39. 车票票面主要应当载明发站站名、到站站名、座别、卧别、里程、车次、开车时间、有效期。 （ ）

40. 车票只能在承运人售票处购买。 （ ）

41. 在任何情况下,承运人应按购票人的要求发售车票。 （ ）

42. 动车组列车车票最远只发售至本次列车终点站。 （ ）

43. 学生票和儿童票的主要区别在于:学生票只准许购买半价硬座客票、加快票和空调票,而儿童票可随同大人购买半价软座或者硬座客票、加快票和空调票。 （ ）

44. 寒假学生票乘车时间限定为每年 1 月 1 日至 3 月 31 日。 （ ）

45. 学生由实习地点返回学校,不能购买和使用学生票。 （ ）

46. 每人免费携带品的重量和体积是:儿童(含免费儿童)10 kg,外交人员 35 kg,其他旅客 20 kg。每件物品外部尺寸长、宽、高之和不超过 150 cm,杆状物品不超过 200 cm,重量不超过 20 kg。 （ ）

三、选 择 题

1. 持通票的旅客其卧铺票只能发售到（　　）。

A. 旅客换车站　　　　　B. 旅客到站　　　　　C. 本次列车终到站

2. 按指定的乘车日期和车次使用有效的是（　　）。

A. 加快票　　　　　　B. 卧铺票　　　　　C. 附加票

3. 一名外籍在华学生（在北京大学念书），由北京去广州，凭护照及北京大学的学生证，可购买（　　）。

A. 学生减价票　　　　B. 全价票　　　　　C. 加倍全价票

4. 旅客不能按票面指定的日期和车次乘车时，旅客应向车站办理签证手续，其签证时机是（　　）。

A. 最晚不超过开车前 2 h 以前办理

B. 最晚不超过列车开车前 3 h 以前办理

C. 特殊情况经站长同意，最晚不超过开车后 2 h 以内办理

5. 一名成人旅客携带 1.3 m、1.52 m 儿童乘车，其携带品的免费重量最高限额为（　　）。

A. 30 kg　　　　　　B. 40 kg　　　　　C. 50 kg

6.（　　）站、车不得拒绝运送。

A. 烈性传染病患者　　B. 无人护送的精神病患者　　C. 无人陪伴的残疾旅客

7.（　　）可带入车内。

A. 安全火柴 20 小盒　　B. 100 mL 指甲油　　C. 20 条无毒小蛇

8. 免费随同成人乘车的儿童，要求单独使用卧铺时，应购买（　　）。

A. 半价客票及全价卧铺票　　B. 半价客票、卧铺票　　C. 全价卧铺票

9.（　　）以上乘车日期、车次、到站、座别、经由相同的旅客集体乘车时为团体旅客，即可发售团体旅客票。

A. 10 人　　　　　　B. 20 人　　　　　C. 30 人

10.（　　）不收手续费。

A. 补收变径票价时

B. 补收儿童超高票价时

C. 误售、误购，换发代用票时

11. 一旅客由柳州去上海南（持 K538 次直达票），至衡阳站前接到本单位电报令其在衡阳参加会议，会期 5 d，该旅客持电报到衡阳站要求延长车票有效期 4 d，应如何处理（　　）。

A. 可以延长 5 d　　　B. 只能延长 4 d　　　C. 不能办理延长，并中途下车车票失效

12. 一旅客携带 53 cm 电视机一台（外部尺寸长宽高之和为 180 cm），在出站时发现，应按（　　）补收费用。

A. 三类包裹运价计费　　B. 四类包裹运价计费　　C. 四类包裹运价加倍计费

13. 车票按性质分，可分为（　　）。

A. 客票、附加票　　　B. 磁卡票、薄纸票　　　C. 全价票、减价票

14. 新生入学购买学生票时，应凭（　　）。

A. 录取通知书　　　　B. 学校书面证明　　　C. 所在地教育局证明

15. 不能凭法规规定的持枪证明佩戴枪支子弹乘车的是（　　）。

A. 现役军人   B. 公安人员   C. 射击运动员

16. 一旅客持柳州—长沙硬座客快票,乘 1628 次(南宁—郑州的直快列车),于长沙站提出继续乘车至郑州,并要求改乘软卧,列车长同意办理。试问:该旅客的旅行变更属于( )。

A. 越站   B. 变座和越站   C. 变座、变铺和越站

17. 下列哪种情况,除按规定补票外,还必须加收已乘区间应补票价 50%的票款( )。

A. 丢失车票   B. 减价不符   C. 超过 1.5 m 的儿童用儿童票乘车

18. 团体票退票应在开车前( )办理。

A. 2 h   B. 6 h   C. 48 h

19. 公务车的包车票价按( )定员核收软座客票及高级软卧票的全价票价。

A. 18 个   B. 20 个   C. 40 个

20. 旅客因病(经证实)在中途站要求退票,可退还( )。

A. 未乘区间票价

B. 已收票价与已乘区间票价差额

C. 全程票价

21. 发售需中转换车的加快票的中转站,必须是有( )。

A. 快车始发的车站   B. 同等级快车始发的车站   C. 快速列车始发的车站

22. 学生购买( ),可分段购票。

A. 客票   B. 联程票   C. 附加票

23. 每名旅客允许携带初生雏( )进站、上车。

A. 40 只   B. 35 只   C. 20 只

24. 一成人携带三名身高分别为 1.09 m、1.10 m、1.30 m 的儿童进站接人,在车站应购买( )站台票。

A. 1 张   B. 2 张   C. 3 张

25. 退票费按每张车票面额的( )核收,四舍五入到元。

A. 10%   B. 15%   C. 20%

26. 旅客因误售、误购或误乘在免费送回区间中途下车时,对往返乘车的免费区间,按( )。

A. 往程所乘列车等级分别核收往返区间的票价,核收一次手续费

B. 返程所乘列车等级分别核收往返区间的票价,核收一次手续费

C. 往程所乘列车等级分别核收往返区间的票价,核收两次手续费

27. 为方便旅客的旅行生活,不超过( )的酒精可带入车内。

A. 100 mL   B. 200 mL   C. 300 mL

28. 异地票在旅客购票地车站或票面发站均可在列车( )办理退票。

A. 开车前 48 h   B. 开车前   C. 开车前 6 h

29. 车站对中转换车的旅客车票误撕时,应( )。

A. 将误撕车票粘贴使用

B. 收回原票,换发代用票

C. 开具客运记录随误撕车票使用

30. 旅客在发站办理改签后的车次票价低于原票价时,( )。

A. 退还票价差额

B. 票价差额部分不予退还

C. 票价差额部分不予退还,核收手续费

31. 在站内寻衅滋事的人,车站可拒绝其上车,对未使用至到站的票价(　　),并在票背面做相应记载,运输合同即行终止。

　　A. 退还已收票价与已乘区间票价差额,核收退票费

　　B. 退还未乘区间票价,核收退票费

　　C. 不予退还

32. 伤残旅客免费携带品最大重量为(　　)。

　　A. 10 kg　　　　　　　　B. 15 kg　　　　　　　　C. 20 kg

33. 因承运人责任使旅客不能按票面记载的日期、车次、座别、卧别乘车时,站、车重新安排的列车、座席、铺位低于原票等级时,应(　　)。

　　A. 退还票价差额,不收退票费

　　B. 退还票价差额,核收退票费

　　C. 收回原票,换发代用票,核收手续费

34. 为方便旅客的旅行生活,旅客可将不超过(　　)的发胶带入车内。

　　A. 100 mL　　　　　　　B. 300 mL　　　　　　　C. 600 mL

35. 站、车对违章携带的物品补收运费时,一律填写(　　)。

　　A. 定额票据

　　B. 客运运价杂费收据

　　C. 补款凭证

36. 代用票的(　　)为旅客用联。

　　A. 甲页　　　　　　　　B. 乙页　　　　　　　　C. 丙页

37. 旅客持失效车票乘车时,除按规定补票,核收手续费外,还必须加收已乘区间应补票价(　　)的票款。

　　A. 20%　　　　　　　　B. 30%　　　　　　　　C. 50%

38. 未经车站同意无站台票进站时,应(　　)。

　　A. 补收站台票款,核收手续费

　　B. 补收站台票款

　　C. 加倍补收站台票款

39. 旅客乘坐提供空调的列车时,应购买相应等级的(　　)或空调票。

　　A. 软、硬座客票　　　　B. 客票、加快票　　　　C. 车票

40. 对持定期客票违章乘车,需按往返及天数加收票价时,按(　　)计算加收票款。

　　A. 加收票款=单程应收票价×2

　　B. 加收票款=单程应收票价×天数

　　C. 加收票款=单程应收票价×2×天数

41. 旅客的基本义务之一为:(　　)。

　　A. 要求承运人提供与车票登记相适应的服务并保障其旅行安全

　　B. 支付运输费用

　　C. 对运送期间发生的身体损害有权要求承运人赔偿

42. (　　),除按无票处理外还应交公安部门处理。

A. 持失效车票乘车

B. 持站台票乘车

C. 持伪造车票乘车

43. 到站发现旅客所持车票日期、车次相符,但未经车站剪口,应(　　)。

A. 补剪

B. 不予追究

C. 补剪并核收手续费

44. 在下车站,发现一旅客携带 26 kg 鸭子,车站处理时应(　　)。

A. 加倍补收四类包裹运费

B. 补收 6 kg 四类包裹运费

C. 按该件全部重量补收上车站至下车站四类包裹运费

45. 一学生持有效证件在规定的期限和乘车区间,要求购买 T18 次新型空调列车的硬卧车票,车站按学生票办理,应发售(　　)。

A. 半价客票、加快票、卧铺票、空调票

B. 半价客票、加快票、空调票、全价卧铺票

C. 半价客票、加快票、全价卧铺票、空调票

46. 持通票的旅客在中转站变更径路时,原票价低于变径后票价时,应(　　)。

A. 持原票乘车有效,核收手续费

B. 补收已乘区间的差额,核收手续费

C. 补收新旧径路里程的票价差额,核收手续费

47. 车站发现严禁携带的违禁品应(　　)。

A. 交亲友带回

B. 交客运主任处理

C. 交公安部门处理

48. 车站发售暑期学生票的期限为(　　)。

A.6 月 1 日~9 月 30 日

B.7 月 1 日~9 月 30 日

C.6 月 1 日~10 月 31 日

49. 到站发现一名超过 1.5 m 儿童持儿童票乘车,(　　)。

A. 应加倍补收全价票价与儿童票票价的差额,核收手续费

B. 应补收全价票价与儿童票票价的差额,核收手续费

C. 不予追究

50. 某残疾旅客携带旅行包 1 只,26 kg;代步的折叠式轮椅 1 辆,23 kg,到站应补收(　　)的超重运费。

A.6 kg　　　　　　　　B.26 kg　　　　　　　　C.23 kg

四、简 答 题

1. 旅客持软座客票,向列车长要求变更为硬卧,可否办理?为什么(结合票价率比例关系说明)?

2. 何谓铁路旅客运输合同?

3. 何谓旅客?

4. 何谓车票有效期? 车票有效期是如何计算的?

5. 试说明购买儿童票的规定。

6. 何谓代用票?

7. 何谓越站乘车?

8. 某旅客持减价票在旅行途中提出变座、补卧,列车长在办理时发现其减价不符,同时,该票中途过期,但该旅客仍要求乘车至目的地,应如何处理(说明处理顺序)?

五、综 合 题

1. 一旅客在西安站购 2011 年 7 月 1 日 1046 次(乌鲁木齐—郑州)西安—郑州的硬座车

票。试填制代用票(西安—郑州 511 km)。

A 000000		××铁路局

代 用 票

20　年 月 日乙（旅客）

原 票	种 别	日 期	年 月 日	座 别
		号 码		经 由
	发 站			票 价
	到 站			记 事

自　　　　站至　　　　站	经 由
	全程　　　　千米

加收　　至　　　间	票价	
补收　　至　　　间	票价	
限乘当日第　　　次列车	客票票价	
于　月　　日到达有效	快票价	
座 别　　人　　数	卧票价	
全 价	手续费	
半 价		
儿 童	合 计	

记 事	

⊗ 　段第　　　次列车列车长　　　　㊞
　　　　　　　　　　站售票员　　　　㊞

注意事项
①核收票价与剪断线不符时，按无效处理（不足
　10元的除外，超过万元的保留最高额）。
②撕角、补贴、涂改即做无效。　**A 000000**

A 000000

拾元　9 8 7 6 5 4 3 2 1
佰元　9 8 7 6 5 4 3 2 1
仟元　9 8 7 6 5 4 3 2 1

120毫米×185毫米

2.2011 年 11 月 4 日,在长沙站一旅客欲购当日 1627 次列车(郑州—南宁,新型空调车,挂有软座车厢,经由衡阳)去凭祥的软座客快票,要求购买通票。因长沙—凭祥间无直通列车,需在南宁站中转(南宁站有快车始发至凭祥站)。所以,长沙—南宁(979 km)间乘软座,南宁—凭祥(220 km)间乘硬座,长沙站发售通票。试填制代用票。

A 000000

× × 铁路局

代 用 票

20　年　月　日乙(旅客)

原 票	种　别	日　期	年 月 日	座　别	
	号　码			经　由	
	发　站			票　价	
	到　站			记　事	

| 自　　　　站至　　　　站 | 经　由 | |
| | 全程　　　千米 | |

加收　　　至　　　间	票价	
补收　　　至　　　间	票价	
限乘当日第　　　次列车	客票票价	
于　月　　　日到达有效	快票价	
座别　　人　　数	卧票价	
	全　价	手续费
	半　价	
	儿　童	合　计

| 记
事 | |

⊗ --------- 段第 _____ 次列车列车长 ---------- 印

站售票员 ---------- 印

注意事项
①核收票价与剪断线不符时,按无效处理(不足 10 元的除外,超过万元的保留最高额)。
②撕角、补贴、涂改即做无效。

A 000000

120毫米×185毫米

A 000000

9 8 7 6 5 4 3 2 1 拾元

9 8 7 6 5 4 3 2 1 佰元

9 8 7 6 5 4 3 2 1 仟元

3.2011 年 6 月 10 日,吉林站有团体旅客 28 人,要求购买当日 T272 次列车(吉林—北京,新型空调车,经由长春、沈阳北、山海关)到北京的车票,要求使用硬座。试填制代用票。

A 000000

×　×　铁　路　局

代　用　票

20　　年　　月　　日乙（旅客）

A 000000

	种　别	日　　期	年 月 日	座　别	
原		号　　码		经　由	
		发　　站		票　价	
票		到　　站		记　事	

自　　　　站至　　　　站	经　由	
	全　程	千米

加收	至	间	票价
补收	至	间	票价

限乘当日第　　　　次列车	客票票价
于　　月　　　　日到达有效	快票价

座　别	人　　　数	卧票价
	全　价	手续费
	半　价	
	儿　童	合　计

记事	

⊗　　段第　　　　次列车列车长　　　　印

站售票员　　　　印

注意事项	①核收票价与剪断线不符时，按无效处理（不足10元的除外，超过万元的保留最高额）。②撕角、补贴、涂改即做无效。　A 000000

120毫米×185毫米

拾元　9 8 7 6 5 4 3 2 1
佰元　9 8 7 6 5 4 3 2 1
仟元　9 8 7 6 5 4 3 2 1

4. 一旅客持 2011 年 6 月 27 日昆明—南京的硬座通票（票号 E0306788，经贵阳、柳州、衡阳、株洲、鹰潭、芜湖），6 月 28 日因病（有列车长编制的客运记录）在柳州站中途下车治疗，出站时，车票被出站口客运员误撕。柳州站应如何处理？

A 000000　　　×　×　铁　路　局

事	
由	

🚉　代　用　票

20　　年　月　日乙（旅客）

A 000000

原	种　别	日　期	年月日	座　别	
		号　码		经　由	
	发　站			票　价	
票	到　站			记　事	

自　　　站至　　　站	经　由
	全程　　　千米

加收　　　至　　　间	票价
补收　　　至　　　间	票价
限乘当日第　　　次列车	客票票价
于　　月　　　日到达有效	快票价
座别　人　　数	卧票价
全　价	手续费
半　价	
儿　童	合　计

记事	

⊗　段第　　　次列车列车长　　　㊞
　　　　　　　　　　站售票员　　　㊞

注意事项	①核收票价与剪断线不符时，按无效处理（不足 10 元的除外，超过万元的保留最高额）。②撕角、补贴、涂改即做无效。

A 000000　　　　仟元

120毫米×185毫米

9 8 7 6 5 4 3 2 1　拾元

9 8 7 6 5 4 3 2 1　佰元

9 8 7 6 5 4 3 2 1　仟元

5.2011 年 8 月 2 日,黎塘站组织 K537 次列车(上海南 ——株洲、衡阳—— 南宁,新型空调列车)旅客出站时,发现一旅客持 2011 年 8 月 1 日义乌—黎塘的硬座客快票一张,票号 B0301569,越级乘车(以低等级车票乘坐高等级列车),并携带两名儿童(身高分别为 1.4 m 和 1.0 m)。黎塘站应如何处理?

丙

× × 铁 路 局

客运运价杂费收据

20　　年　　月　　日　　　　(报告用)

原票据	种　别	日期		月　日　时到达、通知、变更		
		号码		月　　日　　时　交　　付		
		发站				
		到站		核收保管费　　　　　日		
核　收　区　间				核　收　费　用		款　　额
				种别	件数	重量
自＿＿＿＿＿＿＿站						
至＿＿＿＿＿＿＿站						
经由(　　　　)						
座别＿＿＿　人数＿＿＿						
				合　　计		
记事						

＿＿＿＿＿＿站经办人＿＿＿＿＿＿印

A 000000

150毫米×130毫米

6.2011 年 6 月 4 日,K143 次(南宁 柳州、贵阳、重庆 成都,新型空调车,南宁客运段担当乘务)列车金城江站开车后验票,发现一旅客持当日金城江—湛江的新空硬座客快速票,票号 B0805439,经询问其实际到站为内江站。列车应如何处理?

A 000000

×× 铁 路 局

⊙ 代 用 票

20　年　月　日乙(旅客)

A 000000

事由		

原 票	种　别	日　期	年 月 日	座　别	
	号　码			经　由	
	发　站			票　价	
	到　站			记　事	

自　　　站至　　　站	经　由	
	全程　　　　千米	

加收　　　至　　　间	票价
补收　　　至　　　间	票价
限乘当日第　　　次列车	客票票价
于　　月　　　日到达有效	快票价

座　别	人　　数	卧票价
	全　价	手续费
	半　价	
	儿　童	合　计

记事	

⊗ ----- 段第　　　次列车列车长 ----- 印
----- 站售票员 ----- 印

注意事项 ①核收票价与剪断线不符时,按无效处理(不足 10元的除外,超过万元的保留最高额)。
②撕角、补贴、涂改即做无效。

A 000000

拾元: 9 8 7 6 5 4 3 2 1
佰元: 9 8 7 6 5 4 3 2 1
仟元: 9 8 7 6 5 4 3 2 1

120毫米×185毫米

7. 2011 年 6 月 10 日，T18 次（哈尔滨—北京，新型空调车，哈尔滨客运段担当乘务）列车在哈尔滨站开车后，沈阳北站前验票发现加挂的硬座车一学生无票乘车，持北京—哈尔滨有效的学生证。列车应如何处理？

A 000000			×× 铁路局				
事由			**代　用　票**				
			20　　年　月　日乙（旅客）				

原票	种　别		日　期	年　月　日	座　别	
			号　码		经　由	
			发　站		票　价	
			到　站		记　事	

自	站至	站	经　由	
			全程	千米

加收	至	间	票价	
补收	至	间	票价	
限乘当日第		次列车	客票票价	
于　月		日到达有效	快票价	
座　别	人　数		卧票价	
全　价			手续费	
半　价				
儿　童			合　计	

记事	

⊗　　段第　　　次列车列车长　　　印
　　　　　　　　　　站售票员　　　印

注意事项
①核收票价与剪断线不符时，按无效处理（不足 10 元的除外，超过万元的保留最高额）。
②撕角、补贴、涂改即做无效。　　A 000000

A 000000

拾元：9 8 7 6 5 4 3 2 1
佰元：9 8 7 6 5 4 3 2 1
仟元：9 8 7 6 5 4 3 2 1

120毫米×185毫米

8.2011 年 8 月 20 日,5506 次(茂名$\overline{黎塘}$桂林北,新型空调车,折扣二档票价)列车到达贵港站,出站口检票发现一成人旅客持当日茂名—贵港的新空全价硬座客快票一张,新空半价硬座客快票一张(票号 E0067355、票价 17.00 元),携带身高 1.6 m 的儿童一名。贵港站应如何处理?

丙

× × 铁 路 局

客运运价杂费收据

20　　年　　月　　日　　　　　　(报告用)

原票据	种　别	日期		月　日　时到达、通知、变更		
		号码		月　　日　　时交　　　付		
		发站				
		到站		核收保管费　　　　　　日		
核　　收　　区　　间				核　收　费　用		款　　　额
				种别	件数　重量	
自＿＿＿＿＿＿站						
至＿＿＿＿＿＿站						
经由(＿＿＿＿＿)						
座别＿＿＿人数＿＿				合　　　计		
记事						

＿＿＿＿＿＿＿＿＿站经办人＿＿＿＿＿印

A 000000

150毫米 × 130毫米

9. 一旅客持 2011 年 3 月 5 日湛江—长沙半价硬座普快票 E0230189 号,假设乘 2242 次列车(长沙客运段担当乘务),列车在玉林站前查票时发现该旅客出示借用他人的减价凭证。列车应如何处理?

A 000000

×× 铁 路 局

代 用 票

20　年　月　日乙（旅客）

事由	

A 000000

原票	种 别		日 期	年 月 日	座 别	
	号 码				经 由	
	发 站				票 价	
	到 站				记 事	

| 自　　站至　　站 | 经 由 | |
| | 全程　　千米 | |

加收　　至　　间	票 价	
补收　　至　　间	票 价	
限乘当日第　　次列车	客票票价	
于　月　日到达有效	快票价	

座 别	人　　数	卧票价	
	全 价	手续费	
	半 价		
	儿 童	合 计	

| 记事 | |

⊗　段第　　次列车列车长　　　　印
　　　　　　　　站售票员　　　　　　印

注意事项　①核收票价与剪断线不符时，按无效处理（不足
　　　　　10元的除外，超过万元的保留最高额）。
　　　　　②撕角、补贴、涂改即做无效。　　A 000000

拾元　9 8 7 6 5 4 3 2 1
佰元　9 8 7 6 5 4 3 2 1
仟元　9 8 7 6 5 4 3 2 1

120毫米×185毫米

10. 2011 年 8 月 1 日,1628 次(南宁 衡阳 郑州,新型空调列车)列车长查票发现一旅客持鹿寨—萍乡新空硬座客快票,实际到站凭祥,列车按误售、误购办理,并编制记录交衡阳站,衡阳站指定其乘 1627 次(郑州—南宁,新型空调列车)返回南宁换乘去凭祥,该旅客在桂林站中途下车。桂林站应如何处理?

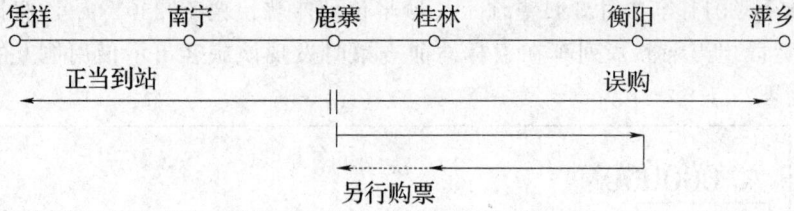

```
凭祥        南宁        鹿寨    桂林          衡阳      萍乡
○───────○─────────○──────○──────────○───────○
←─────────正当到站──────────┤├────────误购────────→

          ├──────────────────────────┤
                              ←──────
                    另行购票
```

丙

× × 铁 路 局

客运运价杂费收据

20　　年　　月　　日　　　　　（报告用）

原 票 据	种 别	日期			月　日　时到达、通知、变更		
		号码			月　　　日　　　时 交　付		
		发站					
		到站			核收保管费　　　　　　日		
核　收　区　间					核 收 费 用		款　　额
					种别	件数	重量	
自..................站								
至..................站								
经由（　　　）								
座别......人数......								
					合　　　计		
记 事								

..................站经办人..................印

150毫米 × 130毫米

A 000000

11. 2011 年 8 月 18 日，T198 次（乌鲁木齐—郑州，新型空调车，乌鲁木齐客运段担当乘务）列车张掖开车后，一旅客吴小龙突发急病，经列车广播找医生医治未见好转，不能继续旅行。该旅客持 8 月 17 日乌鲁木齐—郑州的新空硬座客特快车票，票号 A036088，票价 316.00 元，同行人吴笑天（持 8 月 17 日乌鲁木齐—郑州的新空硬座客特快车票，票号 A036089）要求在前方停车站金昌下车入院治疗，并要求退票。列车应如何处理？金昌站又如何处理？

××铁路局　　　　客统—1

客 运 记 录

第　　　号

记录事由：

_____

_____

_____

_____

_____

_____

_____

注：
　　1. 站、车需要编制记录时均适用。
　　2. 本记录不能作为乘车凭证。

站段　编制人员　　　　（印）

站段　签收人员　　　　（印）

20　年　月　日编制

```
                    ××铁路局
        [logo]   退票报销凭证    A 000000
              站           年    月    日
        ┌──────┬─────────────────────────┐
        │原  票│      站至      站       │
        ├──────┼─────────────────────────┤
        │已乘区间│    站至      站       │  ↑
        ├──────┼─────────────────────────┤  80
        │已乘区间│                元    角│  毫
        │票  价│                         │  米
        ├──────┼─────────────────────────┤  ×
        │退票费│                     元  │  60
        ├──────┼─────────────────────────┤  毫
        │共  计│              元     角  │  米
        └──────┴─────────────────────────┘  ↓
        （无经办人名章无效）      经办人    印
```

12. 2011 年 10 月 18 日，一旅客持当日 K108 次（徐州—北京，新型空调车，徐州客运段担当乘务）列车徐州—北京的新空硬座客快速卧（下）车票（票号 A000001，票价 197.00 元），徐州开车后该车厢空调设备故障且不能修复，列车长编制客运记录交北京站。北京站应如何处理？

```
                    ××铁路局
        [logo]   退票报销凭证    A 000000
              站           年    月    日
        ┌──────┬─────────────────────────┐
        │原  票│      站至      站       │
        ├──────┼─────────────────────────┤
        │已乘区间│    站至      站       │  ↑
        ├──────┼─────────────────────────┤  80
        │已乘区间│                元    角│  毫
        │票  价│                         │  米
        ├──────┼─────────────────────────┤  ×
        │退票费│                     元  │  60
        ├──────┼─────────────────────────┤  毫
        │共  计│              元     角  │  米
        └──────┴─────────────────────────┘  ↓
        （无经办人名章无效）      经办人    印
```

13. 一旅客 2011 年 5 月 1 日在全州站购买全州 $\frac{南宁}{}$ 昆明的普通车硬座客普快通票，票价 83.00 元，票号 A000123，乘车至桂林站因病（有列车长编制的客运记录）中途下车治疗，5 月 2 日恢复旅行，要求乘坐南京西—昆明的新空快速列车 K155 次，同时提出随车经由柳州、龙里至昆明。桂林站应如何处理？

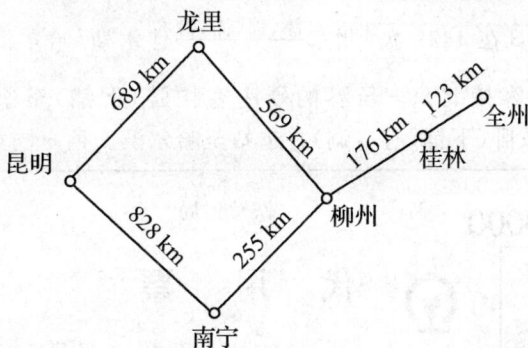

龙里

689 km　569 km　123 km　全州

昆明　176 km　桂林

828 km　255 km　柳州

南宁

A 000000　×　×　铁　路　局

代　用　票

20　年　月　日乙（旅客）

A 000000

事由		

原票	种　别	日　期	年 月 日	座　别	
		号　码		经　由	
	发　站		票　价	
	到　站		记　事	

自　　站至　　站	经由
	全程　　千米

加收　　至　　间	票价
补收　　至　　间	票价
限乘当日第　　次列车	客票票价
于　月　　日到达有效	快票价
座　别　人　数	卧票价
全　价	手续费
半　价	
儿　童	合　计

记事	

⊗　段第　　次列车列车长　　　　印
　　　　　　　站售票员　　　　印

注意事项　①核收票价与剪断线不符时，按无效处理（不足10元的除外，超过万元的保留最高额）。
②撕角、补贴、涂改即做无效。　A 000000

拾元
9 8 7 6 5 4 3 2 1
佰元
9 8 7 6 5 4 3 2 1
仟元
9 8 7 6 5 4 3 2 1

120毫米×185毫米

14. 2011 年 6 月 12 日在 1439 次(北京 <u>津、锦、沈、哈</u> 佳木斯,哈尔滨客运段担当乘务)列车上,北京站开车后,一旅客持北京—长春的硬座客快卧(下铺)车票,票价 159.00 元,票号 A000123。要求变更为软卧(下铺,有空调)并越站至哈尔滨。列车同意办理,应如何处理?

A 000000　　×　×　铁　路　局

事 由		代　用　票

20　　年　月　日乙(旅客)

A 000000

原 票	种 别	日 期	年 月 日	座 别	
	号　码		经　由		
	发　站		票　价		
	到　站		记　事		

自　　　站至　　　站	经　由	
	全程　　　千米	

加收　　　至　　　间	票价
补收　　　至　　　间	票价
限乘当日第　　　次列车	客票票价
于　月　　　日到达有效	快票价

座别	人　　　数	卧票价
	全　价	手续费
	半　价	
	儿　童	合　计

记 事	

⊗ ----段第----------次列车列车长----------㊞
　　　　　　　　　　　　　　站售票员----------㊞

注意事项　①核收票价与剪断线不符时, 按无效处理(不足 10元的除外,超过万元的保留最高额)。
②撕角、补贴、涂改即做无效。

A 000000

拾元　9 8 7 6 5 4 3 2 1
佰元　9 8 7 6 5 4 3 2 1
仟元　9 8 7 6 5 4 3 2 1

120毫米×185毫米

15.2011 年 10 月 10 日,2592 次(湛江—长沙)到站发现一旅客持玉林—郑州的硬座客快联合票 E0135263 号,携带提箱两只,总重 47 kg(一只重 20 kg,另一只重 27 kg)。长沙站应如何处理?

丙

× × 铁 路 局

客运运价杂费收据

20　　年　　月　　日　　　　　(报告用)

原票据	种别	日期		月　日　时到达、通知、变更			
		号码		月　　日　　时　交　　付			
		发站					
		到站		核收保管费　　　　　　　日			
核　收　区　间				核　收　费　用			款　　额
				种别	件数	重量	
自_____站							
至_____站							
经由(　　　　)							
座别____人数____							
				合　　　计			

记事

_____站经办人_____印

A 000000

150毫米 × 130毫米

16.2011 年 10 月 26 日,K158 次列车(湛江—衡阳—北京西,新型空调车,)到达石家庄组织出站时发现,一成人旅客持衡阳—石家庄的新空硬座客快速票,携带小型电动机一台重 25 kg。石家庄站应如何处理?

丙

× × 铁 路 局

客运运价杂费收据

20　　年　　月　　日　　　　(报告用)

原票据	种　别	日期		月　日　时到达、通知、变更		
		号码		月　　日　　时交　　付		
		发站		核收保管费　　　　　　日		
		到站				
核　收　区　间				核 收 费 用		款　额
				种别	件数	重量	
自＿＿＿＿＿站							
至＿＿＿＿＿站							
经由(　　　)							
座别＿＿人数＿＿				合　　计			
记事							

＿＿＿＿站经办人＿＿＿＿印

A 000000

150毫米×130毫米

17.2011 年 8 月 1 日柳州站组织 K315 次(西安 <u>郑、衡</u> 南宁)旅客出站时,发现一旅客持乌鲁木齐—柳州的车票,携带旅行包一只重 20 kg 和纸箱一只重 20 kg(内装哈密瓜,价格应为 1.00 元/kg)。柳州站应如何处理? 已知乌鲁木齐—西安 2 568 km,西安—柳州 2 133 km,柳州—南宁 255 km。

丙

×× 铁路局

客运运价杂费收据

20 　年　月　日　　(报告用)

原票据	种别	日期		月　日　时到达、通知、变更		
		号码		月　日　时　交　付		
		发站		核收保管费　　　　　日		
		到站				
核　收　区　间				核　收　费　用		款　　额
				种别	件数	重量	
自_____站							
至_____站							
经由(_____)							
座别_____人数_____				合　　计		

记事	

_____站经办人_____印

A 000000

150毫米×130毫米

18.2011 年 10 月 11 日 K316 次(南宁—西安)列车到达郑州站,出站时发现一旅客持柳州—郑州新空硬座客快速票出站,携带一台彩色电视机,重 20 kg,其外部尺寸长、宽、高分别为 70 cm、50 cm、60 cm。郑州站应如何处理?

丙

×× 铁路局

客运运价杂费收据

20　　年　　月　　日　　　　　(报告用)

原票据	种　别	日期		月　日　时到达、通知、变更			
		号码		月　日　时交　　付			
		发站					
		到站		核收保管费　　　　　　日			
核　收　区　间				核　收　费　用			款　　额
				种别	件数	重量	
自_____站							
至_____站							
经由(　　　　)							
座别____人数____							
				合　　　计			
记事							

_____　站经办人_____　印

A 000000

150毫米 × 130毫米

19. 2011 年 10 月 26 日,K119 次列车(西安—兰州,新型空调车)到达兰州站组织出站时发现,一成人旅客持西安—兰州的新空硬座客快速票,携带旅行包 1 个重 10 kg、纸箱 1 个(内装宠物狗 2 只)重 8 kg。兰州站应如何处理?

丙

××铁路局

客运运价杂费收据

20　　年　　月　　日　　　　(报告用)

原票据	种别	日期			月　日　时到达、通知、变更		
		号码			月　　日　　时　交　付		
		发站			核收保管费　　　　　　　　日		
		到站					
核　收　区　间				核收费用		款　额
				种别	件数	重量	
自＿＿＿＿＿＿站							
至＿＿＿＿＿＿站							
经由(　　　　)							
座别＿＿人数＿＿				合　　计		
记事						

＿＿＿＿＿站经办人＿＿＿＿＿印

150毫米×130毫米

A 000000

20. 2011 年 11 月 13 日，K850/1 次（贵阳<u>柳州、黎塘</u>湛江，新型空调车）列车到达陆川站，出站检票时发现一旅客持 11 月 12 日贵阳—湛江新空硬座客快速票，因病（有列车长编制的客运记录）在陆川站下车治疗，携带旅行包一个重 10 kg 和纸箱一个重 10 kg（内装酒精）。陆川站对旅客携带品应如何处理？

丙

×× 铁路局

客运运价杂费收据

20　　年　　月　　日　　　　（报告用）

原票据	种　别	日期		月　日　时到达、通知、变更			
		号码		月　　日　　时交　付			
		发站					
		到站		核收保管费　　　　　　日			

核　收　区　间	核　收　费　用			款　　额
	种别	件数	重量	
自＿＿＿＿＿站				
至＿＿＿＿＿站				
经由（　　　）				
座别＿＿＿人数＿＿	合　　　计			

记事	

＿＿＿＿＿＿＿＿站经办人＿＿＿＿＿＿印

150毫米×130毫米

A 000000

第三章

行 包 运 输

一、填空题

1. 一旅客托运一辆自行车,其计费重量为( )kg。若声明价格为 800 元,应收保价费( )元。

2. 一旅客凭柳州—杭州客票托运行李至上海南,则柳州至杭州应按( )计算运费,杭州至上海南按( )计算运费,若托运的行李提出声明价格,全程按( )核收保价费。

3. 行李、包裹运输合同的基本凭证是( )、( )。

4. 行李、包裹每件最大重量不超过( )kg,最小体积不能小于( )m³;快运包裹外部尺寸长宽高之和不得小于( )m,货物外部的最大尺寸应不超过长( )m、宽( )m、高( )m。

5. 按保价运输的行李、包裹应核收保价费,行李按声明价格的( )、包裹按声明价格的( )计算。一段按行李,一段按包裹托运时,全程按( )核收保价费。

6. 计算运价的起码里程:行李( )km,包裹( )km。

7. 下列物品,试确定几类包裹:猪板油( )类,椰子( )类,摩托车( )类,即日出版的人民日报( )类。

8. 下列物品,试确定几类包裹:干辣椒( )类,鲜枣( )类,核桃( )类,香蕉( )类,小学课本( )类,泡沫塑料运动垫子( )类。

9. 武昌—北京西运价里程 1 225 km,行李运到期限( )d,包裹运到期限( )d。

10. 发现无票运输的物品,按( )加倍补收( )运费。

11. 旅客或托运人向车站要求运输行李或包裹称为( )。

12. 旅客托运行李时,必须提出有效的( )和( )。

13. 承运运输等级Ⅰ级的放射性同位素,一批或一辆行李车内装载的件数不得超过( )件,每件重量不得超过( )kg,不得与( )、( )以及( )配装,与饮食品、药品等的配装需要隔开( )m 以上的距离。

14. 押运包裹每件重量不得超过( )kg。

15. 行李、包裹超过规定的运到期限运到时,承运人应按逾期日数及( )的百分比向收货人支付违约金。违约金最高不得超过运费的( )。

16. 残疾人用车重 31 kg,残疾旅客持客票按行李托运时,计费重量为( )kg;新购置以包裹托运时,计费重量为( )kg。

17. 行李是指（　　　　　　　）的被褥、衣服、个人阅读的书籍、残疾人车和其他旅行必需品。

18. 托运动物、植物时应有（　　　　　　　　）的检疫证明。

19. 保价的行李、包裹发生运输变更时,保价费（　　　　　　　）。

20. 托运金银珠宝、货币证券、文物、枪支、中途需饲养的动物等必须（　　　　　　　）。

21. 收货人要求支付违约金时,凭行李票、包裹票在行李、包裹到达次日起（　　　　　）提出。

22. 行李从运到日起、包裹从（　　　　　　），承运人免费保管 3 d,逾期到达的行李、包裹免费保管 10 d。

23. 因（　　　　　　　　）产生的行李变更时,不收变更手续费。

24. 到站发现行李、包裹重量不符应退还时,退还多收部分的运费。应补收时,只补收（　　　　　　）正当运费。

25. 包裹运价里程按最短径路计算,有指定径路时,按指定径路计算。押运包裹的运价里程按（　　　　　　　）。

26. 包裹运价率是以（　　　　　　）为基数,其他各类包裹运价率按其运价率加成或减成的比例确定。

27. 行李、包裹的运费根据（　　　　　　）按每张票据计算。每张行李、包裹票的起码运费为 1 元。

28. 对抢险救灾物资、急救药品、（　　　　　　　　　），应按优先安排装运。

29. 旅客遗失物品中的鲜活易腐物品和（　　　　　）不负责保管和转送。

30. 危险品:指国务院铁路主管部门公布的（　　　　　　　　　　　）内的品名。

31. 承运加水、加冰的物品或途中喂养动物的饲料应（　　　　　　），作为到站因此产生或重量消失的依据。

32. 承运的包裹有人押运时,在包裹票注明“（　　　　　　　）”。

33. 押运的包裹应装行李车,由（　　　　　　），车站负责装车和卸车。

34. 承运自行车、助力机动车、摩托车时,应注明车牌名、车牌号、（　　　　　　　　）等车况。

二、判 断 题

1. 承运人应履行为托运人提供方便、快捷的运输条件,将行李、包裹安全、及时、准确运送到目的地的义务。　　　　　　　　　　　　　　　　　　　　　　　（　　）

2. 行李是指旅客自用的生活必需品。　　　　　　　　　　　　　　　　　（　　）

3. 按一批办理的行李、包裹保价运输时可以只保价其中一部分。　　　　　（　　）

4. 因承运人责任造成的行李、包裹取消托运时,保价费全部退还。　　　　（　　）

5. 行包承运后,旅客或托运人在装车前要求取消托运,由于尚未产生实际运输,车站应全部退还运费与保价费。　　　　　　　　　　　　　　　　　　　　　　　（　　）

6. 由于不可抗力等非承运人责任发生的停留时间不加算在行李、包裹的运到期限内。
　　　　　　　　　　　　　　　　　　　　　　　　　　　　　　　　（　　）

7. 在收货人声明领取凭证丢失前行李、包裹已被冒领,承运人不承担责任。　（　　）

8. 行李、包裹运价里程安最短径路计算,有指定径路时,按指定径路计算。　（　　）

9. 行李、包裹保价费按声明价格的 1% 计算。　　　　　　　　　　　　　（　　）

10. 行李、包裹分为保价运输和不保价运输,托运人可选择其中一种运输方式。　（　　）

11. 快运包裹运到期限可以按承诺的运到期限计算。　（　　）

12. 行李应随旅客所乘列车装运或提前装运。　（　　）

13. 旅客随身携带过多的行李、包裹乘车,应按旅客携带品处理。　（　　）

14. 押运包裹应装入行李车,其完整性应由列车行李员负责。　（　　）

15. 托运人托运贵重行李、包裹时应进行保价。　（　　）

16. 无法交付物品变卖后所得款项,属于事故行李、包裹的变卖款,应上缴国库。　（　　）

17. 旅客凭有效客票都可将残疾人车按行李办理。　（　　）

18. 国家禁止和限制运输的物品以铁道部颁发的文件为准。　（　　）

19. 铁路行李、包裹运输合同是指承运人与托运人、收货人之间明确行李、包裹运输权利、义务关系的协议。　（　　）

20. 车站承运金银珠宝、货币、证券、文物、枪支、鱼苗、蚕种和途中需饲养的动物等,要求托运人派人押运。　（　　）

21. 包裹逾期到达,仅支付运到逾期违约金,不办理免费转运。　（　　）

22. 逾期到达的行李、包裹,旅客和收货人都可要求铁路免费转运至新到站。　（　　）

23. 旅客要求将逾期的行李运到新到站时,铁路可凭新客票免费运送,但不再支付运到逾期违约金。　（　　）

24. 行李、包裹装运后,收货人要求变更运输时,只能在发站提出。　（　　）

25. 计算包裹运价里程时,没有直达列车的,按中转次数最少的列车径路计算,中转次数相同的,按最短列车径路计算。　（　　）

26. 押运包裹的运价里程按实际径路计算。　（　　）

27. 运价不同的物品混装为一件时,按其中运价高的 50% 计算。　（　　）

28. 行李、包裹运输合同自承运人接受行李、包裹时起成立,到行李、包裹运至到站交付给收货人止履行完毕。　（　　）

29. 包裹和中转的行李应用直达列车装运。　（　　）

30. 托运人应履行因自身过错给承运人或其他托运人、收货人造成损失时负赔偿责任的义务。　（　　）

31. 三类包裹是指一级运输包装的放射性同位素、油样箱、摩托车、泡沫塑料及其制品。　（　　）

32. 行李中不得夹带货币、证券、珍贵文物、金银珠宝、档案材料等贵重物品和国家禁止、限制运输物品、危险品。　（　　）

33. 按保价运输的行李、包裹核收保价费。一段按行李、一段按包裹托运时,全程按包裹核收保价费。　（　　）

34. 行李运到期限以运价里程计算。从承运日起,行李 600 km 以内为 3 d,超过 600 km 时,每增加 600 km 增加 1 d,不足 600 km 也按 1 d 计算。　（　　）

三、选 择 题

1. 按保价运输的行李,铁路除核收运杂费外,另按声明价格的（　　）核收保价费。

　A. 0.5%　　　　　　　　B. 1%　　　　　　　　C. 2%

2. 按保价运输的包裹,铁路除核收运杂费外,另按声明价格的（　　）核收保价费。

A. 0.5%　　　　　　　　B. 1%　　　　　　　　C. 2%

3. 按保价运输的物品,一段按行李,一段按包裹托运时,其全程应按声明价格的(　　)核收保价费。

A. 0.5%　　　　　　　　B. 1%　　　　　　　　C. 2%

4. 承运运输等级Ⅰ级的放射性同位素包裹时,应审核"铁路运输放射性物质包装件表面污染及辐射水平检查证明书",其包装件表面最大辐射水平不超过(　　)mSv/h。

A. 0.004　　　　　　　　B. 0.005　　　　　　　　C. 0.006

5. 承运运输等级Ⅰ级的放射性同位素包裹时,一批或一辆行李车内装载的件数不得超过(　　)件。

A. 10　　　　　　　　　B. 20　　　　　　　　　C. 30

6. 承运运输等级Ⅰ级的放射性同位素包裹与感光材料、油样箱、活动物能否配装,应遵守的条件是(　　)。

A. 可以配装　　　　B. 可以配装,但要隔开2 m以上的距离　　　　C. 不能配装

7. 承运运输等级Ⅰ级的放射性同位素包裹与饮食品、药品能否配装,应遵守的条件是(　　)。

A. 可以配装　　　　B. 可以配装,但要隔开2 m以上的距离　　　　C. 不能配装

8. 对于短途运输而且不需要饲养的家禽、家畜,托运人提出不派人押运时,也可以办理托运。该短途系指运输距离在(　　)以内的。

A. 100 km　　　　　　　B. 200 km　　　　　　　C. 300 km

9. 快运包裹超过运到期限(　　)d以上仍未到达时,收货人可以认为快运包裹已丢失而向经营人提出赔偿。

A. 10　　　　　　　　　B. 20　　　　　　　　　C. 30

10. 行李从运到日起,包裹从发出通知日起免费保管(　　)d,超过免费保管期限领取时,按超过日数核收保管费。

A. 3　　　　　　　　　B. 5　　　　　　　　　C. 10

11. 对无票运输的行李、包裹在到站发现时,应按照实际运送区段,核收(　　)。

A. 按品类的包裹运费　　B. 四类包裹运费　　C. 加倍的四类包裹运费

12. 在行李、包裹运输过程中,要把好(　　)各运输环节。

A. 承运、进仓、装卸、保管、交接、交付

B. 承运、装卸、中转、交接、保管、交付

C. 承运、进仓、装卸、交接、出仓、交付

13. 行李从(　　)起,满90 d后仍无人领取时,车站、经营人进行公告,公告满90 d仍无人领取时,可报上级主管部门批准后予以变卖。

A. 运到日　　　　　　　B. 发出通知日　　　　　　　C. 承运日

14. 承运人对托运的物品必须进行安全检查,对不符合运输条件的物品有(　　)的权力。

A. 拒绝承运　　　　　　B. 责令改正　　　　　　C. 罚款

15. 旅客托运的行李超过规定重量时,对超过部分按(　　)计费。

A. 行李运价加倍　　　　B. 三类包裹　　　　C. 行李运价

16. 铁路行李、包裹运输合同,是指(　　)之间明确行李、包裹运输权利义务关系的协议。

A. 承运人与旅客、托运人

B. 承运人与旅客、收货人

C. 承运人与托运人(旅客)、收货人

17. 承运人应为押运人(　　)提供方便。

　　A. 进站　　　　　　　　B. 购票　　　　　　　　C. 候车

18. 一托运人在甲站托运西药 1 件 60 kg 到乙站(里程 236 km),该批货件于 7 月 9 日到达,7 月 10 日通知收货人,收货人于 7 月 15 日领取,应收取保管费(　　)。

　　A. 6 元　　　　　　　　B. 18 元　　　　　　　　C. 9 元

19. 行李、包裹一次装车作业的过程为:将行李、包裹(　　)。

A. 从行李车卸下至交付地点

B. 从行李房收货地点至装上行李车

C. 从行李房收货地点至拉到站台指定位置

20. 到站发现将国家禁、限运品或危险品伪报其他品名托运,对品名不符货件,(　　)的运费。

A. 加收应收运费与已收运费差额两倍

B. 补收全程四类包裹

C. 加倍补收运输区间四类包裹

21. 到站发现重量不符(多出)时,应退还(　　)。

A. 多收部分的运费

B. 已收运费与正当运费两倍的差额

C. 多收部分的运费,核收手续费

22. 运输超过包裹规定重量的物品,应经(　　)批准。

　　A. 调度命令　　　　　　B. 行包房主任　　　　　　C. 站长

23. 属于三类包裹的物品是(　　)。

　　A. 摩托车　　　　　　　B. 油样箱　　　　　　　C. 影碟机

24. 无法交付物品的案卷保管(　　)。

　　A. 半年　　　　　　　　B. 一年　　　　　　　　C. 一年半

25. 广告图片按(　　)包裹办理。

　　A. 一类　　　　　　　　B. 二类　　　　　　　　C. 三类

26. 运到期限 6 d,逾期 5 d,应支付运费的(　　)运到逾期违约金。

　　A. 15%　　　　　　　　B. 20%　　　　　　　　C. 25%

27. 承运加水、加冰的物品或途中喂养动物的饲料应(　　),作为到站因此产生减量或重量消失的依据。

　　A. 单独检斤　　　　　　B. 单独制票计费　　　　　　C. 派押运人

28. 办理行包托运,发站发现品名不符时(禁、限运品或危险品除外),应(　　)的运费。

A. 加收应收运费与已收运费差额两倍

B. 补收已收运费与正当运费差额

C. 加收运输区间四类包裹

29. 托运非军用枪支应提出(　　)的运输证明。

A. 运出地市(县)公安局

B. 武警部门

C. 运往地市(县)公安局

30. 到站对列车移交和本站发现的无票运输的物品,应( )。

A. 按实际运送区间补收四类包裹运费

B. 按实际运送区间加倍补收四类包裹运费

C. 按实际品类补收运费

31. ( )应按四类包裹办理。

A. 计算机 　　　　　　 B. 摩托车 　　　　　　 C. 电视机

32. 对无法交付物品变卖所得款项,扣除所发生费用的剩余款额,收货人在( )以内来领取时,承运人凭收货人出具的物品所有权证明办理退款手续。

A. 180 d 　　　　　　 B. 90 d 　　　　　　 C. 60 d

四、简 答 题

1. 行李、包裹运输合同有效期是如何确定的?

2. 何谓行李?

3. 何谓包裹?

4. 何谓铁路行李、包裹运到期限?

5. 在受理旅客或托运人托运的行李、包裹时,车站在验货过程中应注意什么?

6. 快运包裹以铁路为主要运输工具运送时,其运到期限如何确定?

7. 行李、包裹的运送原则是什么?

8. 旅客或托运人托运行包时,应如实申报品名,如涉及伪报一般品名的,应如何处理?

9. 将国家禁止、限制运输的物品或危险品伪报其他品名托运或在货件中夹带时,如在中途站发现时,应如何处理?

五、综 合 题

1. 2011 年 10 月 15 日,旅客王兵(住柳州市江滨路 78 号)持 K142 次(南宁—成都)车票 1 张,到站成都,票号 E0010028,在柳州站托运行李 2 件(其中皮箱 1 件,重 28 kg,声明价格 840.00 元;旅行包 1 件,重 34 kg,声明价格 780 元)要求托运到绵阳站。试计算运费、保价费及杂费,并填制行李票。

已知:(1)运价里程

柳州 $\dfrac{\text{成都}}{}$ 绵阳 1 636 km

(2)运价表

里程(km)	行李(元/kg)	三类包裹(元/kg)
115	0.067	0.167
1 521	0.724	1.898
1 636	0.761	1.989

中铁快运股份有限公司

行 李 票

甲（报告）

A000000

20　年　月　日

到＿＿＿＿＿＿站　　经由＿＿＿＿＿＿站

旅客乘坐　月　日　次车　客票号

旅客姓名		共　人　电　话：				
住　址		邮政编码：				

顺号	包装种类	件数	实际重量	声明价格	运价里程	千米
					运到期限	日
					计重费量　规重	千克
					计重费量　超重	千克
					运费	元
					保价费	元
						元
					合　计	元
					月　日　次列车到达	
合　　计					月　日　交　付	

记事

＿＿＿＿＿＿营业部经办人＿＿＿＿＿＿ 印

X0000000000000000000000

（宁分）行李票号码：A000000

2. 2011 年 10 月 15 日,旅客黄元(住柳州市飞鹅路 10 号)持柳州—长沙的 1628 次车票 1 张,票号 A0001234,在柳州托运行李 2 件(其中皮箱 1 件,重 38 km,声明价格 860.00 元,纸箱 1 件,重 25 km,声明价格 520 元)托运到长沙。试计算运费、保价费及杂费,并填制行李票。

已知:(1)运价里程

柳州—长沙 724 km

(2)运价表

里程(km)	行李(元/kg)	三类包裹(元/kg)
724	0.379	1.005

中铁快运股份有限公司

A000000

行 李 票

甲
(报告)

20　年　月　日

到_____站　　经由_____站

旅客乘坐　月　日　次车　客票号

旅客姓名		共　人电　话:				
住　址		邮政编码:				

顺号	包装种类	件数	实际重量	声明价格	运价里程	千米
					运到期限	日
					计重费量 规重	千克
					超重	千克
					运费	元
					保价费	元
						元
					合 计	元
					月 日 次列车到达	
合 计					月 日 交 付	

记
事

_____营业部经办人_____ 印

(宁分)行李票号码:A000000

X0000000000000000000000

3.2011 年 10 月 15 日,托运人吴大刚(住柳州市柳石路 85 号),在柳州站托运木箱 1 件(内装香蕉、板栗)重 33 kg,声明价格 100.00 元,要求运至石家庄站,收货人张小刚(住石家庄市华西路 58 号)。试计算运费、保价费及杂费,并填制包裹票。

已知:(1)运价里程

柳州—石家庄 2 034 km

(2)运价表

里程(km)	二类包裹(元/kg)	三类包裹(元/kg)
2 001～2 100	1.652	2.360

中铁快运股份有限公司

包　裹　票

甲
(报　告)

A000000　　　20　年　月　日

到＿＿＿＿＿站　　　经由＿＿＿＿＿＿站

托运人	单位姓名:		电　话:	
	详细地址:		邮政编码:	
收货人	单位姓名:		电　话:	
	详细地址:		邮政编码:	

顺号	品　名	包装种类	件数	实际重量	声明价格	运价里程	千米
						运到期限	日
						计费重量	千克
						运　费	元
						保价费	元
							元
						合　计	元
						月　日　次列车到达	
						月　日　时　通　知	
合　　计						月　日　交　　付	

记
事

＿＿＿＿＿＿营业部经办人＿＿＿＿＿　印

B0000000000000000000000

(宁分)包裹票号码: A000000

4.2011 年 10 月 1 日,北京西站发往柳州站棉皮鞋 16 件,重 281 kg 包裹票号 A018699,于 10 月 12 日随 K157 次列车运到。收货单位:柳州东风商场,因逾期运到,要求柳州站支付逾期运到违约金。试计算之,并填制退款证明书。

已知:(1)运价里程

北京西—柳州 2 317 km

(2)包裹运价表

里程(km)	一类包裹(元/kg)	二类包裹(元/kg)	三类包裹(元/kg)	四类包裹(元/kg)
2 301~2 400	0.536	1.875	2.679	3.483

中华人民共和国铁道部　　　　　　　**车 站 退 款 证 明 书**　　　　　　财收—16
　　××铁 路 局　　　　　　　　　　　　　　　　　　　　　　　　编号 A　NO:032145

填发日期 20　年　月　日

票据种类	票据号码	填发日期 年 月 日	发站	到站	单位	名称及地址 开户银行 及账号		甲联:(车站存查)

原记载	品名	件数	包装	实重	计重	运价号	运价率	运费	违约金		合计
订正											

记事:	应补收
	应退还
	净退(大写)
	上述退款已于　　　　月　日以 现金/支票 如数退讫
	丙联已随　月　旬　财收 8 报局收入稽查中心。
	经办人:

　填发单位　　　　　(公章)　　　　填发人　　　　　付款人

第四章

旅客运输计划与组织

一、填 空 题

1. 客流的主要组成要素是（　　　　　）、（　　　　　）和（　　　　　）。

2. 旅客运输计划按其组织形式可分为（　　　　　）、（　　　　　）和（　　　　　）三种。

3. 按旅客乘车距离和铁路局管辖范围，一般将客流分为（　　　　　）和（　　　　　）两种。

4. 客流调查分为（　　　　　）调查、（　　　　　）调查和（　　　　　）调查三种。

5. 普通旅客快、慢列车的车次代码是由 4 位阿拉伯数字组成，普通旅客快车第一位数字是（　　　　　），普通旅客慢车第一位数字是（　　　　　）。

6. 我国铁路第六次提速，开行最快的旅客列车是（　　　　　）列车，速度已达（　　　　　）km/h。

7. 车次是某一列车的简明代号，其功能有三，它能表示：（　　　　　）、（　　　　　）、（　　　　　）。

8. 客流调查范围分直接吸引区和间接吸引区，直接吸引区可用（　　　　　）划出大致范围，间接吸引区可按最短通路原则来确定。

9. 客流在时间上的不均衡程度可用（　　　　　）来表示，客流在方向上的不均衡程度可用（　　　　　）表示。

10. 在每年完成的客运量中，（　　　　　）客流比重最大。

11. 直通速度和技术速度的比值称为（　　　　　）。

12. 客运量预测的对比分析法（动态关系法），其预测公式为（　　　　　）。

13. 为保证车站正常接发旅客列车，两列间的最小间隔时间，必须满足（　　　　　）。

14. （　　　　　）是确定旅客列车运行区段和行车量的基本原则。

15. 用图解法来计算旅客列车车底需要数时，可在图上查（　　　　　）数或查（　　　　　）数来确定。

16. 考核某一旅客列车的车底日车公里，其计算公式为（　　　　　）。

17. 在同一客流区段内各站间有不同的客流密度时，区段客流密度应按（　　　　　）确定。

18. 旅客周转量是指在一定时期内，一个铁路局或全路所完成的（　　　　　）。

19. 客运密度是指一定时期内，某一区段、铁路局或全路平均每公里线路上所承担的（　　　　　）。

20. （　　　　　）是指在一定时期内，铁路局运送的全部旅客人数。

二、判 断 题

1. 管内快速旅客列车车次的字母为"K"。　　　　　　　　　　　　　　　　（　　）

2. 客流调查一般以车务段为单位,在客流吸引范围内进行。　　　　　　　（　　）

3. 无旅客上车时,车站可不提交"乘车人数通知单"。　　　　　　　　　　（　　）

4. 旅客列车时刻表中列车的到开时刻上边的数字为到点,下边的数字为开点。（　　）

5. 列车运行,原则上以开往北京方向为上行。　　　　　　　　　　　　　　（　　）

6. 乘车人数通知单的正确率要达到 90% 以上。　　　　　　　　　　　　　（　　）

7. 列车长与客运值班员(计划员)在客运值班室办理乘车人数通知单的交接手续。（　　）

8. 客流调查每年进行一次。　　　　　　　　　　　　　　　　　　　　　　（　　）

9. 软、硬卧代用软、硬座时,每一下铺按 4 人计算。　　　　　　　　　　　（　　）

10. 暑运的客流以运送学生和旅游客流为主。　　　　　　　　　　　　　　（　　）

11. 票额分配计划于新列车运行图实行前编制并与新运行图同时实行。　　（　　）

12. 客流调查是编制旅客运输计划的基础。　　　　　　　　　　　　　　　（　　）

13. 旅客列车的行车时刻,均以北京时间为标准,从 18:00 起计算,实行 24 小时制。

　　　　　　　　　　　　　　　　　　　　　　　　　　　　　　　　　　（　　）

14. 旅客列车时刻表采用 24 小时制,列车在 24:00 出发为 00:00,到达为 24:00。（　　）

15. 旅客运输计划,按其组织形式可分为长远计划、年度计划、日常计划三种。（　　）

16. 客运量预测的固定比例法是指根据上年度同期的客流实绩,对比、分析、预测其在上年基础上的增长情况,以此为依据的一种预测方法。　　　　　　　　　　（　　）

17. 客流区段的客流密度是按平均值确定的。　　　　　　　　　　　　　　（　　）

18. 直通客流可分为通过客流、输入客流和输出客流。　　　　　　　　　　（　　）

19. 有一股客流,从甲局一分界口流入乙局,又从乙局另一分界口流入甲局,该股客流为管内客流。　　　　　　　　　　　　　　　　　　　　　　　　　　　　　　（　　）

20. 旅客列车的运行区段和行车量,基本上取决于客流计划。"按流开车"是确定旅客列车运行区段和行车量的基本原则。　　　　　　　　　　　　　　　　　　　（　　）

21. 一辆硬卧车厢(标记定员 60)当代用硬座车时,其实际定员为 80。　　（　　）

22. 确定客流区段的原则是选择客流发生显著变化的地点,注意所在站的政治、经济和文化地位,考虑车站的技术设备条件。　　　　　　　　　　　　　　　　　　　（　　）

23. 客运密度的单位是:人·km/km。　　　　　　　　　　　　　　　　　　（　　）

24. Y778次是临时旅客列车。　　　　　　　　　　　　　　　　　　　　　（　　）

25. 运行图是铁路运输工作的综合性计划和行车组织的基础。　　　　　　（　　）

26. 各铁路局管内旅客列车运行图的编制或局部调整工作,由铁道部决定并负责组织。

　　　　　　　　　　　　　　　　　　　　　　　　　　　　　　　　　　（　　）

27. 动车组直通列车不得超员,铁路局管内短途一等座车不得超员,二等座车最高超员率为 10%。　　　　　　　　　　　　　　　　　　　　　　　　　　　　　　　（　　）

28. 旅客运输组织工作的原则是立足全局,全面安排,做好长短途列车分工、换乘优先、保证重点。　　　　　　　　　　　　　　　　　　　　　　　　　　　　　　　（　　）

29. 新型空调客车的硬座实际定员为硬座总标记定员减去 10 个座位。　　（　　）

30. "硬座超成定员"是指:硬座实际定员与实际定员乘以规定超员率之和。（　　）

31. 旅客运输客流计划的主要内容是:旅客运输量(客运量)、旅客发送量、旅客周转量、旅客平均行程、客运密度。　　　　　　　　　　　　　　　　　　　　　　　（　　）

32. 客流的主要组成要素是流量、流向和流速。　　　　　　　　　　　　　（　　）

33. 各局的旅客发送人数不是各局所属各站上车的总人数。　　　　　　　　（　　）

34. 全国铁路的行车时刻,均以北京时间为标准,从零时起计算,实行 12 小时制。（　　）

35. 列车须按列车等级编定车次。　　　　　　　　　　　　　　　　　　　（　　）

36. 列车须按有关规定编定车次。上行列车编为双数,下行列车编为单数。使用直通车次时,可与规定方向不符。　　　　　　　　　　　　　　　　　　　　　　　（　　）

37. 棚车代用客车时,每吨位按 2.5 人计算定员。　　　　　　　　　　　　（　　）

38. 列车长必须亲自填写列车旅客密度表。　　　　　　　　　　　　　　　（　　）

39. 旅客发送人数可以全面反映某个铁路局的客运工作量。　　　　　　　　（　　）

40. 同一旅客列车的直通速度一般低于技术速度。　　　　　　　　　　　　（　　）

三、选 择 题

1. 按旅客的乘车距离和铁路局管辖范围,一般将客流分为(　　　)。

A. 输出客流、输入客流　　　B. 直通客流、管内客流　　　C. 发送客流、到达客流

2. 某局用 $A_发 + A_{接人到达}$ 的计算结果是(　　　)。

A. 铁路局发送人数　　　　B. 铁路局到达人数　　　　C. 铁路局运送人数

3. 直通速度系数在一般情况下应是(　　　)。

A. 大于 1　　　　　　　　B. 等于 1　　　　　　　　C. 小于 1

4. 乘车人数通知单的简称是(　　　)。

A. 客统 2　　　　　　　　B. 客统 3　　　　　　　　C. 客统 4

5. 反映客流在方向上的不均衡程度,可用(　　　)表示。

A. 运输系数　　　　　　　B. 波动系数　　　　　　　C. 回运系数

6. 全面反映铁路旅客运输情况,计算和分析成本和劳动生产率的指标是(　　　)。

A. 旅客发送量　　　　　　B. 旅客周转量　　　　　　C. 旅客运送量

7. 车站要建立日计划分析考核制度,各次列车计划完成兑现率及日计划完成兑现率,均要达到(　　　)以上。

A. 85%　　　　　　　　　B. 90%　　　　　　　　　C. 95%

8. 普通旅客列车硬座票额分配方案,是按照列车定员来编制的,其采用的列车定员是(　　　)。

A. 列车标记定员　　　　　B. 列车实际定员　　　　　C. 列车超成定员

9. 车站编制每趟车乘车计划质量的高低,主要是通过每趟列车计划兑现率来考核,当实际大于计划时,其计算公式为(　　　)。

A. $r = [(A_{实际} - A_{计划})/A_{计划}] \times 100\%$

B. $r = (A_{实际}/A_{计划}) \times 100\%$

C. $r = [2 - (A_{实际}/A_{计划})] \times 100\%$

10. 一辆普包软卧车厢(标记定员 32),代用软座时,其折算定员为(　　　)。

A. 48　　　　　　　　　　B. 64　　　　　　　　　　C. 80

11. 直通快速旅客列车车次是由一位字母和 1~4 位数字组成,其字母为(　　　)。

A. Z　　　　　　　　　　　B. K　　　　　　　　　　　C. N

12. 在同一客流区段各站间有不同的客流密度时,区段客流密度应按(　　)确定。

  A. 最小值　　　　　　　B. 平均值　　　　　　　C. 最大值

13. 反映线路客运能力的利用情况和表明铁路客运工作强度的指标是(　　)。

  A. 旅客周转量　　　　　B. 客运密度　　　　　　C. 旅客运送量

14. 对比上年的客流实绩,分析、预测其在上年基础上的增长情况,以此为依据的一种预测方法,称为(　　)。

  A. 直接计算法

  B. 固定比例法(乘车系数法)

  C. 对比分析法(动态关系法)

15. 一辆硬卧车厢(标记定员 60),当代用硬座车时,其实际定员为(　　)。

  A. 80 人　　　　　　　　B. 100 人　　　　　　　C. 120 人

16. 管内快速旅客列车车次是由一位字母和 1～4 位数字组成,其字母为(　　)。

  A. Z　　　　　　　　　　B. K　　　　　　　　　　C. N

17. 运行速度在 200 km/h 以上列车为(　　)。

  A. 快速列车　　　　　　B. 特快列车　　　　　　C. 动车组列车

18. 旅客列车等级根据同等距离以承运人提供的(　　)不同确定。

  A. 乘车条件　　　　　　B. 设备设施　　　　　　C. 服务质量

19. 列车定员的计算:硬座标记定员等于(　　)。

  A. 各硬座车厢标记定员的总和

  B. 各硬座车厢实际定员的总和

  C. 标记定员加超员率

20. 某车站开行普通临客一列,编组硬座车 10 辆,每辆定员 108 人;硬卧车 4 辆(硬卧代硬座),每辆定员 60 人,该列车的实际定员为(　　)。

  A. 1 390 人　　　　　　B. 1 400 人　　　　　　C. 1 668 人

21. 旅客运输计划中的长远计划一般为(　　)。

  A. 2 年　　　　　　　　B. 4 年　　　　　　　　C. 5 年

22. 客流调查分为三种调查形式,一般以(　　)为主。

  A. 日常调查　　　　　　B. 节假日调查　　　　　C. 综合调查

23. 客流调查的调查对象是(　　)。

  A. 居民或旅客　　　　　B. 旅客　　　　　　　　C. 旅客或学生

24. (　　)的票额分配方案由铁道部组织编制。

  A. 特快旅客列车　　　　B. 直通旅客列车　　　　C. 管内旅客列车

25. 客流调查一般以(　　)为单位,在吸引区范围内进行。

  A. 列车　　　　　　　　B. 车站　　　　　　　　C. 车务段

26. 三等及以上或客流量较大的车站均须编制旅客输送(　　)计划,并报铁路局客调(或票管所)批准执行。

  A. 班　　　　　　　　　B. 日　　　　　　　　　C. 旬

27. 旅客乘车距离(　　)为直通客流。

  A. 跨两个及其以上铁路局的

B. 在一个铁路局范围内的

C. 有直接到达的列车

28. 乘车人数通知单中,(　　)按到站分别统计软、硬座乘车人数。

A. 旅客慢车　　　　　　　　B. 市郊列车　　　　　　　　C. 旅客快车

29. 全路基本列车运行图原则上每(　　)编制一次,宜在春季或秋季实行。

A. 两年　　　　　　　　　　B. 一年　　　　　　　　　　C. 半年

30. 各级客运调度指挥运输生产的指示以(　　)形式下达。

A. 铁路电报　　　　　　　　B. 调度命令　　　　　　　　C. 通话记录

31. 旅客运输计划按执行期限的不同,可分为(　　)三种形式。

A. 长远计划、年度计划和季度计划

B. 长远计划、年度计划和月度计划

C. 长远计划、年度计划和日常计划

32. 春节、暑期客流调查应提前(　　)进行一次。

A. 1~2 个月　　　　　　　B. 2~3 个月　　　　　　　C. 3~4 个月

33. 各种旅客列车都分为上行和下行,以(　　)为中心。

A. 首都　　　　　　　　　　B. 省会城市　　　　　　　　C. 铁道部

34. 日常计划是日常旅客运输计划的工作计划,根据年度计划任务,结合(　　)客流波动而编制。

A. 日常　　　　　　　　　　B. 日常和节假日　　　　　　C. 客流旺季

35. 旅客周转量是指一定时期内,(　　)所完成的旅客人公里数。

A. 铁路局或全路　　　　　B. 车站、铁路局或全路　　　C. 全路

36. (　　)不属于影响客流变化的主要因素。

A. 社会政治、经济、文化的发展变化

B. 城市间交通程度

C. 自然灾害和季节、气候变化

37. (　　)全程不得超员。

A. 旅游列车,但随成人旅行的儿童除外　　　B. 特快列车　　　C. 直通旅客快车

38. 一列普通旅客列车,硬座标记定员 1 010 人,允许始发超员 10%,则此列车始发超成定员为(　　)。

A. 1 100 人　　　　　　　B. 1 200 人　　　　　　　C. 1 111 人

39. 按规定及时填写"乘车人数通知单"准确率达到(　　)以上,做好站车交接。

A. 90%　　　　　　　　　　B. 85%　　　　　　　　　　C. 95%

40. 列车时刻表内符号"↓"、"↑"、"…"表示列车在该站(　　)。

A. 停车　　　　　　　　　　B. 通过(不停车)　　　　　　C. 技术作业

四、简答题

1. 大多数旅客列车的车次是 1 位字母和 1~4 位数字组成,下列字母:G、C、D、Z、T、K、L、Y、F,根据铁道部的规定是怎样的读法?

2. 何谓旅客周转量?

3. 何谓客运密度?

4. 客流区段划分的依据是什么?

5. 客流是如何形成的? 其组成要素是什么?

6. 旅客列车运行区段是如何确定的?

7. 何谓车底周转时间?

8. 何谓旅客列车直通速度?

9. 何谓旅客运输技术计划?

10. 旅客周转量这个指标有何作用?

11. 何谓客流调查的直接吸引区?

12. 何谓客流调查的间接吸引区?

13. 何谓管内客流图？

五、综 合 题

1. 根据下列客流框架图,试确定旅客列车的行驶区段及计算行车量的客流量。

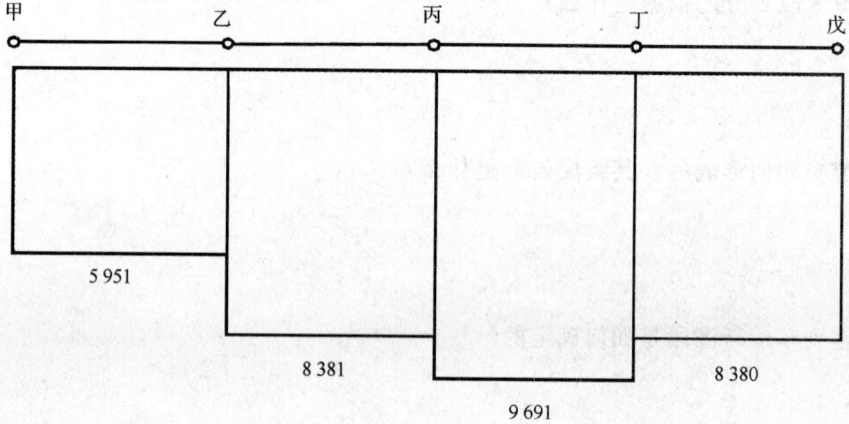

2. 某局营业里程为 1 400 km,某年旅客输送情况如下表所示:

项　　别	运输数量(万人)	平均行程(km)	项　　别	运输数量(万人)	平均行程(km)
$A_{管内发}$	400	200	$A_{接入通过}$	200	400
$A_{直通发}$	300	300	$A_{接入到达}$	250	250

试求：$A_发$、$A_运$、$\sum AL$、$L_{平均}$ 和 $\varepsilon_客$（计算中保留两位小数,第 3 位四舍五入）。

3. 甲—乙区段相距 2 325 km,每天对开直快 1001/1002 次,上下行直通速度均为 75 km/h,车底在配属站(甲站)和折返站(乙站)间最少停留时间标准分别为 6 h 和 4 h,为方便旅客旅行,列车始发时间规定在 7:00～24:00 之间,列车到达时间规定在 7:00～23:00 之间。试确定合理的发车时限(即合理的开车范围)及在保证车底数量最少的条件下列车从甲站或乙站出发的时限。

4. T158 次从配属站于第 1 天 17:00 开出,于第二天 10:00 到达折返站,并于当日 14:00 折返 T157 次,至第三天 7:00 到达配属站,同时,于当日 17:00 再由配属站开出(配属站至折返站 1 462 km,每天开行一列)。

试求:(1)车底需要数(用分析法求算)。

(2)列车车底日车公里数。

5. K651 次从配属站(桂林北站)于第一天 13:23 开出,于第二天 14:35 到达折返站(成都站),并于当日 19:48 折返 K652 次至第三天 20:51 到达配属站(桂林北站),于第四天 13:23 再由配属站(桂林北站)开出(该列车每日开行)。

试问:(1)用图解法绘画出车底需要数。

(2)用分析法计算出车底需要数。

6. 某次直快旅客列车编组 16 辆,其中:硬座 7 辆(定员 116 的 5 辆,108 的 1 辆,122 的 1 辆),硬卧 4 辆(定员均为 60,但其中 2 辆代用硬座),软卧 1 辆(定员 32),行李车、餐车、宿营车、隔离车各 1 辆。试确定该列车的硬座标记定员,实际定员及始发、途中超成定员?

7. 铺画客车方案图时,应遵守低等级旅客列车停会高等级旅客列车的原则,在单线区段一般停会附加时分为 10~12 min。

试问:(1)安排在何种车站停会为宜?为什么?

(2)对所需附加时分,试绘图分析。

8. 铺画客车方案图时,应遵守低等级旅客列车待避高等级旅客列车的原则,在单线区段一般待避附加时分为 30~40 min。

试问:(1)安排何种车站待避为宜?为什么?

(2)对所需附加时分,试绘图分析。

9. 试画出 G 站客流调查直接吸引区。

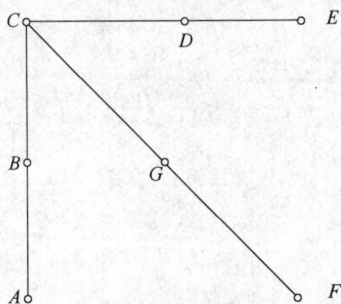

10. 计算某站下列车次及日计划兑现率(运算过程保留 3 位小数,最后兑现率保留 1 位小数)。

车　　次	计划上车人数(人)	实际上车人数(人)	兑　现　率
T5	120	110	
T6	130	150	
K79	95	95	
K80	85	95	
4405	212	195	
4406	225	310	
日计划			

11. 以下为一张 T6 次列车（南宁—北京西）南宁站乘车人数通知单附表。

车号及卧别	铺位号	1	2	3	4	5	6	7	8	9	10
08 软卧	0	*	北京西	*	北京西	*桂林	*桂林	*桂林	桂林	*柳州	柳州
	10	*柳州	*柳州	*柳州	*柳州	*柳州	柳州	*柳州	*柳州	*柳州	*柳州
	20	*郑州	*	北京西	北京西	*郑州	/永州/	*	*	*长沙	*武昌
	30	*郑州	*长沙	*武昌	*石家庄	*	*长沙				
09 硬卧	0 上	*永州	*衡阳	*桂林	*桂林	*桂林	*桂林	/长沙	*	北京西	*
	中	*衡阳	*衡阳	*桂林	*桂林	*桂林	*桂林	/武昌/	*	*郑州	
	下	*衡阳	*衡阳	*桂林	*桂林	*桂林	*桂林		*郑州		*郑州
	10 上	*		*柳州	*柳州	*柳州	*柳州	*柳州	*柳州	*柳州	*柳州
	中	*郑州	*	*柳州	*柳州	*柳州	*柳州	*柳州	柳州	*柳州	*柳州
	下	*武昌	*	*柳州	*柳州	*柳州	*柳州	*柳州	*柳州	*柳州	*柳州

计划员：　　　　　　　　　　　　车长签收：×××

请判明：

(1)已售至终点站的铺位（注明车号、铺位号）。

(2)剩余铺位及可补卧区间（注明车号、铺位号、区间）。

第五章

优化旅客列车编组结构及开行方案

一、填空题

1. 中短途旅客列车,以编挂(   )车为主,长途旅客列车以编挂(   )车为主。

2. 客车底套用能实现一组车底多次运行,既节省了(   ),又可实现不进整备所作业,节省了(   )。

3. 在旅客列车上组织加挂回转车,具有(   )的效能。

4. 客运专线具有(   )、(   )、(   )三方面的优势。

5. 开行通过或绕过枢纽客运站的直通旅客列车,其开行方式有:(   )、(   )、(   )三种。

二、判 断 题

1. 旅客列车的编组是由旅客乘坐的车辆及非旅客乘坐的服务性车辆组成的。   (   )

2. 非旅客列车的服务性车辆包括餐车、行李车、邮政车以及用于长途旅客包乘组休息而编挂的宿营车。   (   )

3. 旅客列车中供旅客乘车的车辆包括硬座车、软座车、硬卧车、软卧车以及餐车。 (   )

4. 对夕发朝至列车为考虑旅客夜间用膳问题,在列车编组中应编挂一辆餐车为旅客服务。   (   )

5. 车底套用,人员套乘是优化车底使用有效措施之一。   (   )

6. 动车组列车是指运行时速在 180 km 及以上的列车。   (   )

7. 朝发夕归城际列车是指运输距离在 1 000 km 范围内,早晨出发,傍晚返回的旅客列车。   (   )

8. 采用部分客货列车等速运行图可扩大区间通过能力,在单线自动闭塞区段采用这种运行方式,增加通过能力更为显著。   (   )

9. 在自动闭塞的单、双线区段,旅客列车采用成对部分跟踪运行图,可减少列车交会次数,提高区间通过能力。   (   )

10. 22 型客车以其自重轻、车内宽敞、定员较多成为我国现代(即第三代)主型客车。
                                                                                (   )

三、选 择 题

1. 我国铁路第六次提速,开行最快的旅客列车是动车组列车,其时速已达(   )。

A. 160～200 km　　　　　　B. 200～250 km　　　　　　C. 250～300 km

2. 高速客运专线,旅客列车最小行车间隔可达(　　)min。

A. 3　　　　　　　　　　　B. 5　　　　　　　　　　　C. 7

3. 高速客运专线,旅客列车密度可达(　　)列/h。

A. 10　　　　　　　　　　　B. 20　　　　　　　　　　C. 30

4. "朝发夕归"城际列车,是指运输距离在(　　)km 范围内,早晨出发,傍晚返回的旅客列车。

A. 300　　　　　　　　　　B. 500　　　　　　　　　　C. 700

5. "一日到达"旅客列车,是指运输距离在(　　)km 范围内,开行 24 h 即能到达终到站的特快列车。

A. 1 500～2 000　　　　　　B. 2 000～2 500　　　　　　C. 2 500～3 000

四、简 答 题

1. 优化车底使用有哪些方法?

2. 何谓旅客列车的车底立折?

3. 旅客列车在折返站组织车底立折,能获得哪些效益?

4. 旅客列车在折返站组织车底立折,应注意哪些问题?

5. 在旅客列车上加挂回转车辆的主要形式有哪几种？

6. 何谓夕发朝至旅客列车？

7. 直达特快有哪些特点？

8. 开行通过或绕过枢纽客运站的直通旅客列车有哪些效益？

第六章

客运站和旅客列车工作组织

一、填空题

1. 客运站的主要设备包括（　　　　）、（　　　　）及（　　　　）。
2. 行包发送作业包括（　　　　）、（　　　　）及（　　　　）。
3. 行包到达作业包括（　　　　）、（　　　　）及（　　　　）。
4. 旅客列车乘务组的乘务形式有（　　　　）和（　　　　）。
5. 旅客列车乘务组由（　　　　）、（　　　　）和（　　　　）乘务员组成。
6. 客运站的作业，主要分为三个方面，即（　　　　）、（　　　　）和（　　　　）。
7. 客运站流线，按流动方向不同，可分为（　　　　）和（　　　　）两大流线。
8. 客运站流线，按性质不同，可分为（　　　　）、（　　　　）和（　　　　）。
9. 客运站流线疏解基本精神是（　　　　）。
10. 旅客列车的乘务员每月工作小时为（　　　　）h。
11. 售票窗口按其业务性质可分为（　　　　）窗口和（　　　　）窗口。
12. 行包中转作业方式,有（　　　　）和（　　　　）两种。

二、判断题

1. 持有效客票的旅客可从任何通道进、出站。　　　　　　　　　　　　　　（　　）
2. 车票只能在承运人售票处购买。　　　　　　　　　　　　　　　　　　（　　）
3. 《铁路旅客运输管理规则》规定,装卸行李、包裹时,行装人员要密切配合,先装后卸,按站顺唱到站。　　　　　　　　　　　　　　　　　　　　　　　　　　　　（　　）
4. 客运站是指专门和主要办理客运业务的车站,是铁路旅客运输的基本单位。　（　　）
5. 客运站行包房包括行李、包裹的托运、提取处两部分。　　　　　　　　　（　　）
6. 站前广场是客流、货流、车流的集散地点,是车站组织旅客室外候车和休息的场所。
　　　　　　　　　　　　　　　　　　　　　　　　　　　　　　　　（　　）
7. 到达行包在较大客运站的行包房一般采用按票据尾号保管。　　　　　　（　　）
8. 旅客列车乘务员每月工作小时为 167.3 h。　　　　　　　　　　　　　（　　）
9. 旅客列车乘务组是由客运乘务员、机车乘务员、运转车长组成"三乘一体"。　（　　）
10. 车站售票窗口的开放数量与客流量成反比,与每一个窗口一昼夜平均售票能力成正比。　　　　　　　　　　　　　　　　　　　　　　　　　　　　　　　　（　　）

三、选 择 题

1. 客运站进站旅客流线的特点一般是(　　)。
A. 分散、慢速　　　　　　　　B. 集中、快速　　　　　　　　C. 均衡、匀速
2. 客运站出站旅客流线的特点一般是(　　)。
A. 分散、慢速　　　　　　　　B. 集中、快速　　　　　　　　C. 均衡、匀速
3. 旅客列车的乘务员每月工作小时为(　　)。
A. 166.7　　　　　　　　　　B. 167.3　　　　　　　　　　C. 169.3
4. 单程运行时间超过 12 h 的旅客列车,其本、外段入库清扫工时标准为(　　)。
A. 4 h　　　　　　　　　　　B. 5 h　　　　　　　　　　　C. 6 h
5. 单程运行时间超过 12 h 的旅客列车,其出退勤工时标准为(　　)。
A. 4 h　　　　　　　　　　　B. 4 h10 min　　　　　　　　C. 5 h
6. 旅客列车途中双班作业工时,每人每次按(　　)计算。
A. 20 min　　　　　　　　　　B. 30 min　　　　　　　　　C. 40 min

四、简 答 题

1. 客运站的主要任务是什么?

2. 何谓客运站流线?

3. 客运站流线组织原则是什么?

4. 客运站流线疏解基本方式有哪些?

5. 售票处所有哪几种形式?

6. 何谓客运站的跨线设备?其形式有哪些?

7. 试说明电子票"六字"售票法的含义。

8. 何谓行包的中转作业？

9. 旅客列车乘务组的特点是什么？

10. 何谓包乘制？

11. 何谓轮乘制？

五、综 合 题

1. 旅客列车乘务员月工时是怎样计算的？

2. 旅客列车一次往返实际乘务工时的计算公式是怎样的？

3. 长途旅客列车本、外段入库，看车工时的计算公式是怎样的？

第七章

旅客运输阻碍和事故处理

一、填 空 题

1. 造成铁路运输阻碍的原因,归纳起来有四个方面,一是( )、二是( )、三是( )、四是( )。

2. 铁路旅客人身伤害事故的发生,其处理依据:一是( )、二是( )。

3. 铁路旅客伤害事故,按伤害程度分为( )、( )、( )三种。

4. 行李、包裹在运送过程中造成轻微损失,是指其经济损失为( )。

5. 由于旅客和铁路运输企业合同双方以外的人给旅客造成伤害,属于( )责任。

6. 在同一车站或同一列车内,同时、同一原因发生的多批行包事故时视为( ),应按( )统计,其事故等级按( )确定。

7. 线路中断,铁路组织原列车绕道运输时,旅客原票( ),组织换乘其他列车绕道运输时,车站应为( ),旅客自行绕道乘车时,按( )办理。

8. 在站内发生旅客伤害时,车站( )或( )应立即会同( )检查旅客伤害程度,及时采取抢救措施,并进行检查旅客车票,随身携带品,详细作成记录,收集证实材料等工作。

9. 列车上发生旅客人身伤害事故,列车长应编制( )记录,将受伤旅客移交( )车站处理,因特殊情况来不及编写记录的,列车长必须( )与车站办理交接,并必须在( )日以内向事故处理站补交有关材料。

10. 铁路旅客发生人身伤害事故,车站工作人员应及时收集证据材料,其证据必须符合( )性、( )性、( )性,具有该三性,才是有效证据。

二、判 断 题

1. 由于旅客自身健康原因造成旅客身体损害,承运人不承担责任。 ( )

2. 铁路旅客运输的运送期间即是运送责任期间。 ( )

3. 行李、包裹从承运后至交付前发生灭失、损坏、变质、污染时,都由承运人赔偿。 ( )

4. 行李、包裹事故经过调查能够确认是铁路运输企业需要承担责任范围的,不论责任单位是否确定,均应先行办理赔偿。 ( )

5. 由于承运人故意或重大过失造成的行李、包裹损失,按实际损失赔偿,不受规定赔偿限额的限制。　　　　　　　　　　　　　　　　　　　　　　　　　　　　　　（　　）

6. 特快旅客列车的列车长发现有人从列车上坠落时,应使用紧急制动阀停车。（　　）

7. 按保价运输办理的行李、包裹全部灭失时,按实际损失赔偿。　　　　　（　　）

8. 行包遇有票货分离、误装误卸造成误运时,应查清到站,编制记录转送正当到站。
　　　　　　　　　　　　　　　　　　　　　　　　　　　　　　　　　　（　　）

9. 线路中断,旅客要求返回发站停止旅行时,应退还全部的车票票价,加收部分的票款及手续费。　　　　　　　　　　　　　　　　　　　　　　　　　　　　　　　（　　）

10. 线路中断,铁路决定列车绕道运行,此时旅客购买车票绕道乘车时,仍可按原径路计算票价。　　　　　　　　　　　　　　　　　　　　　　　　　　　　　　　（　　）

11. 无票人员,在站台上发生急病或死亡时,由车站通知地方有关部门处理。（　　）

12. 在列车上发生斗殴等治安或刑事案件所致的旅客人身伤害事故,列车应编制客运记录,将受伤旅客移交三等以上车站处理,该记录只要列车长签字即可。　　　　　（　　）

13. 某次列车运行在武昌—汉口间,因行人抢道,列车紧急制动,车窗脱落,由于旅客探身在外,致使旅客头部砸伤,该事故属于其他责任事故。　　　　　　　　　　（　　）

14. 列车在行进中行人抢道发生撞伤事故,该事故应由客运部门负责处理。（　　）

15. 列车向车站移交一名无票人员,正在交接之时,乘人不备,钻入邻线被列车轧伤,此事故应列为铁路责任。　　　　　　　　　　　　　　　　　　　　　　　　　（　　）

16. 铁路责任造成旅客随身携带品损失时,赔偿最高限额为 2 000 元人民币。（　　）

17. 旅客上下车经过地道,由于拥挤,某旅客被挤倒踩成重伤时,该伤害事故属于旅客自身原因,故铁路不承担责任。　　　　　　　　　　　　　　　　　　　　　（　　）

18. 鲜活包裹超过运到期限 10 d,就应立案调查处理。　　　　　　　　　（　　）

19. 行李、包裹发生事故,站、段在接到查询电报或事故记录后,车站必须在 5 日内,段必须在 20 日内答复到站,不得拖延。　　　　　　　　　　　　　　　　　（　　）

20. 行包事故的种类分为:重大、大、一般事故。　　　　　　　　　　　　（　　）

21. 由于旅客抢上抢下,致使上、下车旅客造成人身伤害时,属于车站责任。（　　）

三、选择题

1. 持车票的旅客加入旅客意外伤害强制保险,从（　　　）开始生效。

A. 购买车票时起　　　　　B. 进站车票加剪后起　　　　　C. 所乘列车开车后起

2. 行李、包裹发生事故,物品受到损失,其经济价值超过多少万元为重大事故（　　）。

A. 3 万元　　　　　　　　B. 4 万元　　　　　　　　C. 5 万元

3. 一件怕湿物品(铺盖卷),由于装卸时下暴雨而造成湿损,该事故应属于（　　）。

A. 自然灾害,铁路不负责赔偿

B. 铁路责任,应负责赔偿

C. 货主责任,托运人未采取防湿包装

4. 一年老旅客下车后走行一段距离,被站台上积存的冰雪所滑到,脚骨被摔断(经诊断该脚造成残废),该伤害事故种类系属于（　　）。

A. 重伤事故　　　　　　　B. 轻伤事故　　　　　　　C. 一般事故

其责任应列为（　　）

A. 车站责任　　　　　　　　B. 列车责任　　　　　　　　C. 旅客责任

5. 某货主将危险品伪装托运,以致在运输途中发生爆炸并着火,同时还损坏了其他货主的物品,该情况属于(　　)事故。

A. 爆炸事故　　　　　　　　B. 火灾事故　　　　　　　　C. 损坏事故

该事故对其他货主物品损坏的赔偿应(　　)。

A. 由铁路承担　　　　　　　B. 向某货主索赔　　　　　　C. 在保价费中列支

6. 在区间行人抢道,被运行中的某次旅客列车撞死,该事故应按(　　)处理。

A. 铁路责任事故　　　　　　B. 意外伤害事故　　　　　　C. 路外伤亡事故

7. 尖端保密物品、放射性物品灭失,应属于(　　)。

A 一般事故　　　　　　　　B. 大事故　　　　　　　　　C. 重大事故

8. 旅客伤害是由铁路责任造成的,同时,又属于承担保险的范围,则应享受(　　)。

A. 意外伤害强制保险的赔偿

B. 铁路运输责任的赔偿

C. 同时享受意外伤害强制保险赔偿和铁路运输责任赔偿

四、简 答 题

1. 试述列车发生火灾、爆炸应急处理"40 字"。

2. 铁路发生运输阻碍的种类有哪些?

3. 铁路旅客人身伤害事故,轻、重伤如何界定?

4. 为何称铁路旅客意外伤害保险是强制保险?

五、综 合 题

1. 某年 8 月 15 日，广州开往太原的某次列车（太原客运段担当乘务），一旅客在长沙—岳阳间与另外两名旅客因争座位发生冲突而受伤害，现该受伤旅客向太原铁路法院提出诉讼，要求铁路赔偿。根据你的分析，该伤害事故应如何处理为妥？

2. 某年 9 月 15 日，一旅客持柳州—兰州的硬座客普快票一张，自柳州站乘某次普快列车经郑州站换乘另一趟普快列车至兰州站，该旅客在柳州站托运行李 2 件重 50 kg 至兰州站（行李随旅客所乘列车装运），列车运行至西安站，因前方区段水害，列车不能继续运行。

试问：旅客要求在列车停止运行站（西安站）终止旅行并提取行李，西安站应如何处理（说明处理情况及计算出款额数）？

已知：(1)运价里程

柳州—郑州 1 622 km，郑州—西安 511 km，西安—兰州 676 km。

(2)票价运价表

里程(km)	硬座客普快票价(元)	行李运价(元/kg)
1 622	95.00	0.761
2 133	116.00	0.930
2 809	143.00	1.153

3. 一旅客持柳州—兰州硬座客普快票一张,自柳州站乘某次普快列车经郑州站换乘另一趟普快列车至兰州站,该旅客在柳州站托运行李2件重50 kg至兰州站(行李随旅客所乘列车装运),列车运行至西安站,因前方区段水害,列车不能继续运行。

试问:旅客要求返回中途站(郑州站)停止旅行,但要求行李仍运至原到站(兰州站),郑州站应如何处理(说明处理情况及计算出款额数)?

已知:(1)运价里程

柳州—郑州1 622 km,郑州—西安511 km,西安—兰州676 km。

(2)票价运价表

里 程 (km)	硬座客普快票价 (元)	行李运价 (元/kg)	三类包裹运价 (元/kg)
1 187	73.00	0.582	1.507
1 622	95.00	0.761	1.989
2 089	143.00	1.153	3.211

4．一旅客持某年 7 月 1 日西安—重庆 4937 次硬座客快卧（下）联合票乘车，列车运行至宝鸡。

试问：(1)前方线路因水害中断，列车停止运行，旅客要求在宝鸡站退票。

(2)前方线路因行车事故中断，列车停止运行，旅客要求在宝鸡站退票。

计算上述两种情况下，宝鸡站应退票价若干？

已知：(1)运价里程

西安—宝鸡 173 km，宝鸡—成都 669 km，成都—重庆 504 km。

(2)票价运价表

里　程 （km）	硬座客普快票价 （元）	普通加快票价 （元）	硬卧下铺票价 （元）
173	12.00	2.00	39.00
1 173	61.00	12.00	86.00
1 346	68.00	13.00	94.00

第八章

铁路客运记录及电报

一、填空题

1. 客运记录的编制一般是一式（　　）份。
2. 旅客列车涉及客运业务方面的电报，有权拍发的乘务工作负责人是指（　　　　　）。
3. 客运记录的记录事由栏，应填记（　　　　　）。
4. 列车电报的代号是（　　）。
5. 限时电报的代号是（　　）。如果用户与电报所商定，该限时电报须在 10：30 送交收电单位时，在电报附注栏应写（　　　　）。

二、判断题

1. 编写客运记录时一式两份，一份交接收人，一份由接收人签字后自己留存。　（　　）
2. 列车电报是处理列车业务的电报，必须在列车到达前或列车到达时送交用户的电报。
　　　　　　　　　　　　　　　　　　　　　　　　　　　　　　　　　（　　）
3. 车厢严重超员时，值乘该车厢的列车员有权向有关部门拍发超员电报。　（　　）
4. 旅客误乘列车或坐过了站，列车长应编制客运记录移交前方停车站补收车票票价。
　　　　　　　　　　　　　　　　　　　　　　　　　　　　　　　　　（　　）
5. 旅客携带品超过规定重量，无钱或拒绝补交运费时，列车长应编制客运记录移交前方停车站处理。　　　　　　　　　　　　　　　　　　　　　　　　　　（　　）
6. 在列车上发现违章使用铁路乘车证时，列车长应查扣其铁路乘车证并移交前方停车站处理。　　　　　　　　　　　　　　　　　　　　　　　　　　　　　（　　）
7. 行李、包裹在运输途中发生事故，应编制客运记录移交到站处理。　（　　）
8. 旅客在运输途中，发生意外伤害，招致旅客轻伤、重伤或死亡时，均应立即向有关铁路局拍发事故速报。　　　　　　　　　　　　　　　　　　　　　　　（　　）
9. 站、车发生行李、包裹大事故时，应立即向铁道部和有关铁路局拍发事故速报。
　　　　　　　　　　　　　　　　　　　　　　　　　　　　　　　　　（　　）
10. 站、车对装卸的行李、包裹，因故未办理交接手续时，应拍发电报声明。　（　　）
11. 执行列车乘务工作的负责人，在同一区段内，不得重复拍发同一内容的电报。（　　）

三、选择题

1. 铁路电报按照电报的性质和急缓程度可分为（　　）个等级。

A. 5　　　　　　　　B. 6　　　　　　　　C. 7

2. 限时电报,是根据(　　)指定时间送交收电单位的电报。

A. 用户　　　　　　　B. 电报所　　　　　　C. 用户与电报所商定的

四、简 答 题

1. 什么是客运记录?

2. 铁路电报的主、抄送单位是指哪些单位?

3. 直通旅客列车,列车长拍发列车严重超员电报时,主、抄送哪些单位?

五、综 合 题

1. 南昌—南宁的 1557 次直快列车(南宁客运段担当乘务),运行至株洲时,软卧车厢空调发生故障,不能修复。现有一名旅客持南昌—柳州的新空软座客普快卧(下铺)车票,票号 A0001234。对该旅客如何编制客运记录?

```
┌─────────────────────────────────────────────────────────────┐
│                                                               │
│              × ×  铁路局              客统—1                  │
│                                                               │
│   (徽)          客 运 记 录                                   │
│                                                               │
│                                                               │
│                        第        号                          │
│                                                               │
│  ┌─────────────────────────────────────────────────────┐    │
│  │ 记录事由:                                            │    │
│  │ ────────────────────────────────────────────────    │    │
│  │ ────────────────────────────────────────────────    │    │
│  │ ────────────────────────────────────────────────    │    │
│  │ ────────────────────────────────────────────────    │    │
│  │ ────────────────────────────────────────────────    │    │
│  │ ────────────────────────────────────────────────    │    │
│  │ ────────────────────────────────────────────────    │    │
│  └─────────────────────────────────────────────────────┘    │
│                                                               │
│  注:                                                         │
│     1. 站、车需要编制记录时均适用。                          │
│     2. 本记录不能作为乘车凭证。                              │
│                           站                                  │
│                           段  编制人员       (印)           │
│                           站                                  │
│                           段  签收人员       (印)           │
│                                                               │
│                       20    年    月    日编制               │
│                                                               │
└─────────────────────────────────────────────────────────────┘
```

2. 对旅客受到人身伤害,送往协作医院救治时,车站应如何编制客运记录(有关内容自拟)?

×　×　铁路局　　　　　客统—1

客 运 记 录

第　　　　号

记录事由:

＿＿＿＿＿＿＿＿＿＿＿＿＿＿＿＿＿＿＿＿＿＿＿＿＿

＿＿＿＿＿＿＿＿＿＿＿＿＿＿＿＿＿＿＿＿＿＿＿＿＿

＿＿＿＿＿＿＿＿＿＿＿＿＿＿＿＿＿＿＿＿＿＿＿＿＿

＿＿＿＿＿＿＿＿＿＿＿＿＿＿＿＿＿＿＿＿＿＿＿＿＿

＿＿＿＿＿＿＿＿＿＿＿＿＿＿＿＿＿＿＿＿＿＿＿＿＿

＿＿＿＿＿＿＿＿＿＿＿＿＿＿＿＿＿＿＿＿＿＿＿＿＿

＿＿＿＿＿＿＿＿＿＿＿＿＿＿＿＿＿＿＿＿＿＿＿＿＿

注:

1. 站、车需要编制记录时均适用。

2. 本记录不能作为乘车凭证。

站段　编制人员　　　　（印）

站段　签收人员　　　　（印）

20　　年　　月　　日编制

3. 5 月 8 日广州—北京西的 T30 次列车(广州客运段担当乘务),广播设备发生故障,不能播音,于长沙站拍发电报,请求前方停车站(武昌站)的广播工区派人修理。该电报如何拍发?

铁 路 传 真 电 报

拟稿人

签发　　　　核稿　　　　　　　　　　电　话

发报所名	电报号码	等　级	受理日	时　分	收到日	时　分	值机员

4. 黎塘站于 2011 年 7 月 7 日 17：00 发生一起旅客人身伤亡事故，该旅客系 1627 次列车移交的无人护送的精神异常旅客——胡思，女，45 岁，黎塘城镇人，持有郑州—黎塘新空硬座客普快票（票号 A0006007）。正当客运值班员带领该旅客由二站台去客运室途中，该旅客乘人不备，跳入邻线，被通过的货车撞倒轧断双腿，驻站卫生所进行了包扎，并立即送往黎塘人民医院，经抢救无效死亡。该旅客伤亡速报如何拍发？

铁 路 传 真 电 报

拟稿人

签发　　　核稿　　　　　　　　　电　话

发报所名	电报号码	等级	受理日	时　分	收到日	时　分	值机员

5. 2月9日过祁东1628次列车（南宁—郑州直快列车，南宁客运段担当乘务）严重超员，硬座实际定员1 000人，硬座车厢的现员1 800人，其中信阳以远直通客流950人。

列车长如何拍发超员电报（祁东前方停车站有衡阳、株洲、长沙、岳阳、武昌、孝感、信阳、驻马店、漯河、许昌、郑州等站）？

铁　路　传　真　电　报

拟稿人

电　话

签发　　　　核稿

发报所名	电报号码	等　级	受理日	时　分	收到日	时　分	值机员

第九章

铁路国际旅客联运

一、填空题

1. 南宁铁路局办理国际旅客联运的车站有（   ）、（   ）、（   ）、（   ）。

2. 国际联运卧铺票中特别记载栏，我国填记（   ）。

3. 国际联运乘车票据的车厢等级和种类栏记载"2/4"是表示（   ）；记载"2/0"是表示（   ）。

4. 国际联运乘车票据的车厢等级和种类栏记载"1/2"是表示（   ）；记载"1/4"是表示（   ）。

5. 国际联运中，俄铁的简称代号是（   ）。

6. 国际联运中，中铁的简称代号是（   ）。

7. 国际联运中，越铁的简称代号是（   ）。

8. 国际联运中，蒙铁的简称代号是（   ）

9. 国际联运散客票，在开车前 6 h 之前至开车前 3 d 以内，可办理退票，但需扣除（   ）作为退票费。

10. 国际联运的行李运到期限按（   ）等因素组成来确定。

11. 国际联运的包裹运到期限按（   ）等因素组成来确定。

12. 国际联运册页票本的有效期：单程票为（   ）个月，返程票为（   ）个月，往返票为（   ）个月。

13. 国际联运旅客免费携带品的重量规定：成人为（   ）kg，儿童为（   ）kg。

14. 国际联运旅客免费携带品的外部尺寸（即长、宽、高相加之和）不得超过（   ）cm。

15. 国际联运的行李、包裹运到逾期时，每逾期 1 d，铁路应按下列标准：行李按运费的（   ）、包裹按运费的（   ）支付罚款。

二、判断题

1. 《国际旅客联运协定》范围内采用两种样式的乘车票据：人工票和电子票。（   ）

2. 国际联运中旅客乘坐卧车时，除有客票外，还应有占用相关铺位的卧铺票。（   ）

3. 国际联运中单程册页客票的有效期为 1 个月。（   ）

4. 国际联运的册页票本含票皮和票页，票页由客票、卧铺票和补加费收据组成。（   ）

5. 在国际联运中,成人旅客可免费携带 1 名未满 4 周岁的儿童乘车,并可单独占用席位。

（　　）

6. 国际联运的补充册页客票的经由栏,主要填写入境国的国境站。（　　）

7. 国际联运中,外交信使占用的单独包房内,允许免费携带外交邮件和行李 200 kg。

（　　）

8. 国际联运中,旅客要求变径,当新径路票价高于旧径路票价时,应向旅客核收新旧径路里程差额的票价,并填发补加费收据。（　　）

9. 在国际联运中,由于铁路责任,不能给旅客提供符合票面等级的席位时,可将旅客安排在较高等级车厢的席位上。（　　）

10. 国际联运旅客乘坐中国担当的旅客列车,当册页票本使用完毕后,由列车员负责全部收回。（　　）

11. 国际联运旅客携带狗等宠物进入联运车厢,每头应按硬席（2 等）车票价的 1/2 核收运费。（　　）

12. 在国际联运中,外交人员托运行李重量不限,并对其全部重量都按行李计价。（　　）

13. 在国际联运中,每名旅客凭册页客票托运的行李在 50 kg 以内,才可按行李计价。（　　）

14. 办理国际联运的行李运输时,其托运凭证应有护照、联运客票及行李托运单。（　　）

15. 株洲站是个客运大站,可与越南河内办理国际旅客、行包的联运业务。（　　）

16. 在国际联运中,托运旅客的包裹,主要提出包裹托运单,不需要提出联运客票。

（　　）

17. 在国际联运中,发送人托运行李,不申明价格,并不需在运送票据上注明和签字,也可办理运输。（　　）

18.《国际客协》规定托运行李最迟不得晚于所乘列车开车前 30 min,在我国铁路不得晚于发车前 1 d 托运。（　　）

19. 包裹的运到期限自包裹承运的次日 0:00 起算,包括发送时间、运送时间以及延长因素。（　　）

20. 国际联运的行李一般在行李票所记载的到站交付。旅客也可在中途站领取行李,办理交付。（　　）

三、选择题

1. 国际联运旅客有权乘车的乘车票据是（　　）。

A. 册页票皮　　　　　　　B. 册页票里　　　　　　　C. 册页票本（含票皮、票里）

2. 国际联运的团体旅客人数规定为（　　）。

A.6 人以上　　　　　　　B.10 人以上　　　　　　　C.20 人以上

3. 册页客票有效期的延长规定是（　　）。

A. 可延长 2 次,每次不得超过 2 个月

B. 可延长 1 次,1 次 2 个月

C. 不得延长

4. 国际联运旅客中途下车后,则（　　）。

A. 册页客票、卧铺票均继续有效

B. 册页客票继续有效,卧铺票即行失效

C. 册页客票、卧铺票均失效

5. 南宁铁路局办理国际旅客联运业务的车站有(　　　)。

A. 桂林、柳州、南宁、凭祥

B. 桂林、南宁、凭祥、崇左

C. 桂林、柳州、南宁、崇左

6. 国际联运按行李计价的规定重量为(　　　)。

A. 50 kg   B. 100 kg   C. 200 kg

7. 国际联运包裹每件最大重量为(　　　)。

A. 50 kg   B. 75 kg   C. 165 kg

8. 中越之间,办理旅客联运的中铁国境站是(　　　)。

A. 山腰   B. 同登   C. 凭祥

9. 在国际联运中,外交信使单独占用的包房内,允许携带 200 kg 以内的外交邮件和行李。这种情况下,超过免费携带标准的外交邮件和行李,按(　　　)办理。

A. 行李   B. 手提行李   C. 包裹

10. 国际联运车厢能提供单独的包房时,允许联运旅客随身携带宠物,如猫、狗、禽鸟等。这些动物只准带入(　　　)包房内。

A. 1 等车厢   B. 2 等车厢   C. 1、2 等车厢

11. 国际旅客联运中,允许旅客随身携带宠物,但每个包房不得超过(　　　)。

A. 1 只   B. 2 只   C. 3 只

12. 国际联运中,行李运价的重量计算单位为(　　　)。

A. 5 kg   B. 10 kg   C. 20 kg

13. 国际联运中,除运送滑雪板外,行包起码计费重量为(　　　)。

A. 5 kg   B. 10 kg   C. 20 kg

14. 在国际联运中,每批包裹在每一国家铁路段的运费,不低于(　　　)。

A. 0.5 瑞士法郎   B. 0.6 瑞士法郎   C. 0.7 瑞士法郎

15. 在国际联运中,每批行李或包裹在每一国家铁路段的声明价格费,不应低于(　　　)。

A. 0.03 瑞士法郎   B. 0.04 瑞士法郎   C. 0.05 瑞士法郎

16. 国际旅客联运的计价货币为(　　　)。

A. 卢布   B. 美元   C. 瑞士法郎

四、简 答 题

1. 何谓国际旅客联运?

2. 何谓国际联运的国境站? 我国办理旅客联运业务的国境站有几个? 试述具体站名。

3. 何谓旅客联运站？我国办理国际旅客联运的车站有几个？

4. 何谓国际联运旅客列车？我国国际联运旅客列车有几对？

5. 何谓国际联运旅客乘车票据？

6. 国际联运册页票本是怎样组成的？

7. 国际联运卧铺票的车厢等级和种类栏，是以分子、分母简称代号表示，试说明其代号含义。

8. 国际联运客票有效期的起止日是如何确定的？

9. 国际联运旅客，在什么情况下可要求延长客票有效期？并说明延长的规定。

10. 国际联运团体旅客票改签是怎样规定的？

11. 国际联运团体旅客客票退票是怎样规定的？

12. 国际联运旅客在运行途中某一站要求变更径路，如新径路票价低于原径路票价时，应如何办理？

13. 国际联运旅客在运行途中某一站要求变更径路,如新径路票价高于原径路票价时,应如何办理?

14. 国际联运中成人旅客免费携带儿童乘车的条件是什么?

15. 在国际联运中,免费儿童或应购买儿童票的儿童单独使用卧铺时应如何处理?

16. 国际旅客联运中对儿童票、团体票是怎样优惠的?

17. 国际联运旅客中途下车如何规定?

18. 国际联运旅客列车的列车长检查车票时应注意哪些事项? 发现违章乘车时,应如何处理?

19. 国际联运客票票价如何计算?

20. 国际联运的行包运费如何计算?

五、综 合 题

1. 试计算南宁$\frac{凭祥}{}$河内一等车的国际联运客票票价。

已知:(1)南宁—凭祥国境线 234 km(含凭祥站至国境线 14 km);河内—同登国境线 167 km(含同登站至国境线 5 km)。

(2)1 等车基础票价:161～170 km 9.13 SFR;201～220 km 11.40 SFR;221～240 km 12.19 SFR。客票票价系数:中铁 3.81;越铁 1.7。

(3)1 SFR＝7.82 元人民币。

(4)南宁—同登乘中铁担当的列车,同登—河内乘越铁担当的列车。

2. 试计算南宁$\frac{凭祥}{}$河内国际联运卧铺票(1/4)的票价。

已知:(1)南宁—凭祥国境线 234 km(含凭祥站至国境线 14 km);河内—同登国境线 167 km(含同登站至国境线 5 km)。

(2)卧铺票(1/4)基础票价:161～170 km 4.02 SFR;201～220 km 7.17 SFR;221～240 km 7.17 SFR。

(3)卧铺票(1/4)票价系数:中铁 1.13;越铁 1.5。

(4)1 SFR＝7.82 元人民币

(5)南宁—同登乘中铁担当的列车,同登—河内乘越铁担当的列车。

3. 一国际联运旅客在南宁托运行李 4 件重 183 kg 至河内。试计算运费。

已知:(1)南宁—凭祥国境线 234 km(含凭祥站至国境线 14 km);河内—同登国境线 167 km(含同登站至国境线 5 km)。

(2)行李基础运费:161~170 km 0.36 SFR/10 kg;201~220 km 0.45 SFR/10 kg;221~ 240 km 0.48 SFR/10 kg。

(3)运费系数:中铁 1.77;越铁 1.0。

(4)1 SFR=7.82 元人民币。

4. 南宁站发往河内国际联运包裹(衣服)2 件,重 83 kg。试计算运费。

已知:(1)南宁—凭祥国境线 234 km(含凭祥站至国境线 14 km);河内—同登国境线 167 km(含同登站至国境线 5 km)。

(2)包裹基础运费:161~170 km 0.65 SFR/10 kg;201~220 km 0.8 SFR/10 kg;221~ 240 km 0.84 SFR/10 kg。

(3)运费系数:中铁 1.77;越铁 1.0。

(4)1 SFR=7.82 元人民币。

第十章

路 内 运 输

一、填 空 题

1. 除探亲、便乘、就医乘车证外,其他各种乘车证每张仅限填发(　　)使用,实行(　　)制。

2. 往返硬席乘车证,每张准许填发(　　)个到站,硬席临时定期乘车证,每张最多填发(　　)个到站。

3. 持用通勤乘车证,准乘(　　　　　　)。

4. 持用各种铁路乘车证的铁路职工允许乘坐时速 200 km 动车组(　　)车。

5. 便乘证限(　　　　　)和(　　　　　)便乘时使用。

6. 铁路各系统之间的公文及其他附属品可以通过旅客列车的行李车(　　　　)运送。但同一发送单位发往同一收受单位的附件不得超过(　　)包,每包重量不得超过(　　)kg。

7. 利用车递传送的客票票据,每包不得超过(　　)kg,同一发送单位发往同一收受单位不得超过(　　)包。

二、判 断 题

1. 旅游专列可使用铁路公用乘车证乘车。　　　　　　　　　　　　　　(　　)

2. 持用铁路各种乘车证可免费托运行李、搬家物品。　　　　　　　　　(　　)

3. 铁路公用乘车证的有效期按票面规定的时间使用有效。　　　　　　　(　　)

4. 中国铁路文工团免费运输的服装、道具、布景由车站装卸时,亦免收装卸费。(　　)

5. 凡铁路单位对路外单位承揽的铁路用产品,都可以通过铁路免费运输。　(　　)

6.《铁路旅客运输管理规则》规定,持"全国铁路通用乘车证",可优先进站和乘坐全国各线、各次旅客列车软、硬座席和卧铺。　　　　　　　　　　　　　　　　(　　)

7. "全国铁路通用乘车证"可乘坐国际旅客列车。　　　　　　　　　　　(　　)

8. 使用铁路便乘证乘车时免于签证。　　　　　　　　　　　　　　　　(　　)

9. 定期通勤乘车证中途可以下车。　　　　　　　　　　　　　　　　　(　　)

10. 持探亲乘车证乘车时可免费使用卧铺。　　　　　　　　　　　　　　(　　)

11. 铁路机车乘务员在旅客列车上便乘时,必须持用便乘证,并应携带机务段填发的司机报单。　　　　　　　　　　　　　　　　　　　　　　　　　　　　　(　　)

12. 持用铁路软席乘车证的铁路职工乘动车组时,可免于签证。　　　　　(　　)

13. 铁路工务段钢轨探伤工作人员,由铁路局发给"携带钢轨探伤仪乘车证",可携带钢轨

探伤仪乘坐各种旅客列车。　　　　　　　　　　　　　　　　　　　　　（　　）

三、选 择 题

1. 铁路职工因出差、驻勤、开会、调转、赴任、护送等,夜间乘车 6 h 以上(含 6 h)者,可免费使用卧铺,该夜间系指(　　)

A. 19:00 至次日 6:00　　　B. 20:00 至次日 7:00　　　C. 21:00 至次日 8:00

2. 铁路职工因出差、驻勤、开会、调转、赴任、护送等,连续乘车超过(　　)以上时,准予免费使用卧铺。

A. 10 h（含 10 h）　　　　B. 11 h（含 11 h）　　　　C. 12 h(含 12 h)

3. 违章使用临时定期乘车证时,除按规定补收票款外,还应自有效日期起至发现违章日期止,票面填写的乘车区间在一个铁路局以内的,按每日乘车(　　)km 计算客票票价的罚款。

A. 50　　　　　　　　　　B. 80　　　　　　　　　　C. 100

4. 违章使用全年定期乘车证时,除按规定计收票款外,还应自有效日期起至发现违章日期止,票面填写的乘车区间跨铁路局的,按每日乘车(　　)km 计算客票票价的罚款。

A. 50　　　　　　　　　　B. 80　　　　　　　　　　C. 100

5. 违章使用定期通勤乘车证,除按规定补收票款外,还应按票面填写的乘车区间,自有效月份起至发现违章月份止,按每月(　　)次往返里程通算计收客票票价。

A. 1　　　　　　　　　　B. 2　　　　　　　　　　C. 3

四、简 答 题

1. 何谓路内运输?

2. 允许使用铁路乘车证的人员是哪些?

3. 铁路职工使用铁路乘车证乘车,在什么情况下可免费使用卧铺?

4. 试说明违章使用铁路乘车证的概念。

5. 试说明铁路乘车证免于签证和必须签证的规定。

6. 路用品的携带有何规定？

五、综 合 题

1. 2011 年 9 月 1 日 K20 次快速列车(非新型空调车),沈阳站组织旅客出站时发现沈阳中兴大厦职工王芬借用沈阳水电段工程师王建硬席临时定期乘车证乘车,票面乘车区间沈阳—长春(同属沈阳局),票号 YLb063641,有效期为 2011 年 8 月 21 日～10 月 20 日,沈阳站应如何处理(说明处理依据,计算有关票款并填制票据)？

已知:(1)沈阳—长春 305 km。

(2)票价表

里程(km)	硬座客票票价(元)	快速加快票价(元)
41～50	3.50	2.00
91～100	7.00	2.00
301～320	20.00	8.00
581～610	35.00	12.00

丙

××铁路局

客运运价杂费收据

20　　年　　月　　日　　　　（报告用）

原票据	种别	日期		月　日　时到达、通知、变更		
		号码，		月　日　时　交　付		
		发站				
		到站		核收保管费　　　　　日		

核　收　区　间	核　收　费　用			款　额
	种别	件数	重量	
自＿＿＿＿＿＿站				
至＿＿＿＿＿＿站				
经由（　　　　）				
座别＿＿＿人数＿＿＿	合　　　计			

记事	

＿＿＿＿＿＿＿站经办人＿＿＿＿＿＿印

A 000000

150毫米×130毫米

```
                    ××　铁路局            客统—1
        🚄      客 运 记 录

                        第        号

    ┌─────────────────────────────────────┐
    │  记录事由：                          │
    │  _____   │
    │  _____   │
    │  _____   │
    │  _____   │
    │  _____   │
    │  _____   │
    │  _____   │
    │                                     │
    │  注：                               │
    │    1.站、车需要编制记录时均适用。   │
    │    2.本记录不能作为乘车凭证。       │
    │        站                           │
    │        段  编制人员      （印）     │
    │        站                           │
    │        段  签收人员      （印）     │
    │        20    年    月    日编制      │
    └─────────────────────────────────────┘
```

2.2011 年 4 月 1 日，2237 次（贵阳—湛江非新型空调车，贵阳客运段担当乘务）列车，柳州站开车后验票，发现一旅客王娜借用柳州工务段职工刘丽的 2011 年度柳州—来宾的全年定期通勤乘车证，票号 DTa054321。列车应如何处理（说明处理依据，计算有关票款并填制票据）？注：2237 次列车，柳州前方停车站为来宾站。

已知：(1)柳州—来宾 70 km

(2)票价表

里程(km)	硬座客票票价(元)	普通加快票价(元)
41～50	3.50	1.00
61～70	4.50	1.00
91～100	7.00	1.00
131～140	9.00	2.00

A 000000　　　　××铁路局

代用票

20　年　月　日乙（旅客）

原	种 别	日 期	年 月 日	座 别	
		号 码		经 由	
	发 站		票 价		
票	到 站		记 事		

| 自　　　站至　　　站 | 经 由 | |
| | 全 程　　　千米 | |

| 加收　　至　　间　　票价 |
| 补收　　至　　间　　票价 |
| 限乘当日第　　　次列车　客票票价 |
| 于　月　　日到达有效　快票价 |

座 别	人	数	卧票价
	全 价		手续费
	半 价		
	儿 童		合 计

| 记 事 | |

⊗------段第------次列车列车长------印

站售票员------印

注意事项
①核收票价与剪断线不符时，按无效处理（不足10元的除外，超过万元的保留最高额）。
②撕角、补贴、涂改即做无效。

A 000000

120毫米×185毫米

A 000000

拾元：9 8 7 6 5 4 3 2 1
佰元：9 8 7 6 5 4 3 2 1
仟元：9 8 7 6 5 4 3 2 1

××　铁路局　　客统—1

客运记录

第　　号

记录事由：

注：

1. 站、车需要编制记录时均适用。

2. 本记录不能作为乘车凭证。

站段　编制人员　　　（印）

站段　签收人员　　　（印）

20　年　月　日编制

3. 2011 年 3 月 12 日,邯郸站组织 K234 次(上海—石家庄,新型空调车)列车出站收票时发现,安阳工务段职工何永年持用 2011 年度安阳—邢台通勤乘车证,票号 DTb788136 号,邯郸站应如何处理(说明处理依据,计算有关票款并填制票据)?

已知:(1)安阳—邢台 60 km

(2)票价表

里程(km)	新空硬座客快速联合票价(元)
41~50	12.00
51~60	12.00
61~70	13.00

丙

××铁路局

客运运价杂费收据

20　　年　　月　　日　　（报告用）

原票据	种别	日期		月　日　时到达、通知、变更		
		号码		月　　日　　时　交　　付		
		发站		核收保管费　　　　　　日		
		到站				

核　收　区　间	核　收　费　用			款　　额
	种别	件数	重量	
自_____站				
至_____站				
经由（　　　　）				
座别____人数____	合　　　计			

记事	

_____站经办人_____印

A 000000

150毫米×130毫米

4.2011年4月1日,柳州铁路衡器管理所赵江到鹿寨站检修衡器,持书面证明在柳州站托运砝码和配件2箱至鹿寨站,重80 kg。应如何办理(说明办理依据及填制票据)?

已知:(1)柳州—鹿寨 50 km

(2)三类包裹运价表

里程（km）	千克运价（元）
1~100	0.152

中铁快运股份有限公司

包 裹 票

甲
(报 告)

A000000

20 年 月 日

到＿＿＿＿＿＿＿站　　　经由＿＿＿＿＿＿＿站

托运人	单位姓名:					电话:	
	详细地址:					邮政编码:	
收货人	单位姓名:					电 话:	
	详细地址:					邮政编码:	

顺号	品 名	包装种类	件数	实际重量	声明价格	运价里程	千米
						运到期限	日
						计费重量	千克
						运 费	元
						保价费	元
							元
						合 计	元
						月 日 次列车到达	
						月 日 时 通 知	
合 计						月 日 交 付	

记事

＿＿＿＿＿＿＿营业部经办人＿＿＿＿＿＿＿ 印

B00000000000000000000

(宁分)包裹票号码: A000000

5. 2011 年 4 月 15 日,天津站组织 T523 次(石家庄 $\overset{京}{——}$ 秦皇岛,新型空调车)旅客出站收票时发现,一旅客借用石家庄机务段王勇 2011 年 3 月 1 日~2011 年 5 月 31 日石家庄—北京的硬席临时定期乘车证,票号公 YLb494228。天津站应如何处理(说明处理依据,计算有关票款并填制票据)?

已知:(1)石家庄 $\overset{京}{——}$ 天津 420 km

(2)票价表

里程 (km)	新空硬座客快速联合票价(元)
381~400	55.00
401~430	63.00
431~460	65.00

丙

××铁路局

客运运价杂费收据

20　　年　　月　　日　　　　(报告用)

原票据	种别	日期		月　日　时到达、通知、变更		
		号码		月　　日　　时　交　　付		
		发站				
		到站		核收保管费　　　　　　日		
核　收　区　间				核　收　费　用		款　　额
				种别	件数	重量	
自_____站						
至_____站						
经由(　　　)						
座别____人数						
				合　　计		
记事						

_____站经办人_____印

A 000000

150毫米×130毫米

×　×　铁路局　　　　客统—1

客 运 记 录

第　　　号

记录事由：_____

注：
　　1.站、车需要编制记录时均适用。
　　2.本记录不能作为乘车凭证。

站段　编制人员　　　　（印）

站段　签收人员　　　　（印）

20　　年　　月　　日编制

6.2011 年 5 月 14 日,到太原站的 K519 次(汉口—太原,新型空调车)旅客出站收票时发现石家庄建筑段工人刘占持用 2010 年度涂改为 2011 年度石家庄—太原通勤乘车证 DTa504037 号,刘占当时无力补票,经证实确系刘占本人的乘车证。太原站应如何处理?

里程（km）	新空硬座客快速联合票价(元)	硬座客票票价(元)
91~100	16.00	7.00
201~220	33.00	15.00
221~240	38.00	16.00

×× 铁路局　　　　　　客统—1

客 运 记 录

第　　号

记录事由:

注:
1. 站、车需要编制记录时均适用。
2. 本记录不能作为乘车凭证。

站段　编制人员　　　（印）

站段　签收人员　　　（印）

20　年　月　日编制

7. 2011 年 4 月 17 日, T152 次(西宁 兰、郑 北京西, 新型空调车)列车到达石家庄站, 旅客出站收票时发现西宁站钱邵持用西宁—石家庄软席乘车证(往返)票号公 RXh109136 号, 有效期 1 月 1 日~1 月 31 日, 将 1 月份涂改为 4 月份。石家庄站应如何处理?

里程(km)	新空软座客快速联合票价(元)
1 721~1 780	322.00
1 781~1 840	332.00
1 841~1 900	342.00

丙

×× 铁路局

客运运价杂费收据

20　　年　　月　　日　　　　(报告用)

原票据	种别	日期		月　日　时到达、通知、变更		
		号码		月　日　时　交　付		
		发站				
		到站		核收保管费　　　　　　日		

核　收　区　间		核　收　费　用			款　　　额
		种别	件数	重量	
自_____站					
至_____站					
经由(　　　　　　)					
座别_____人数_____					
		合　　　计			

记事	

_____站经办人_____印

A 000000

150毫米×130毫米

×　×　铁路局　　　　　客统—1

客 运 记 录

第　　　号

记录事由：

＿＿＿＿＿＿＿＿＿＿＿＿＿＿＿＿＿＿＿＿＿＿＿＿＿＿＿

＿＿＿＿＿＿＿＿＿＿＿＿＿＿＿＿＿＿＿＿＿＿＿＿＿＿＿

＿＿＿＿＿＿＿＿＿＿＿＿＿＿＿＿＿＿＿＿＿＿＿＿＿＿＿

＿＿＿＿＿＿＿＿＿＿＿＿＿＿＿＿＿＿＿＿＿＿＿＿＿＿＿

＿＿＿＿＿＿＿＿＿＿＿＿＿＿＿＿＿＿＿＿＿＿＿＿＿＿＿

＿＿＿＿＿＿＿＿＿＿＿＿＿＿＿＿＿＿＿＿＿＿＿＿＿＿＿

注：

　1. 站、车需要编制记录时均适用。

　2. 本记录不能作为乘车凭证。

　　　　　　　　　　　　站段　编制人员　　　（印）

　　　　　　　　　　　　站段　签收人员　　　（印）

　　　　　　　　20　　年　　月　　日编制

第十一章

铁路军事旅客运输

一、填空题

1. 铁路军事旅客运输具有（　　　　）、（　　　　）、（　　　　）等特点。

2. 根据任务性质和装备性能，铁路军事运输依次分为（　　　　）、（　　　　）和（　　　　）三个运输等级。

3. 在军事运输过程中，发生（　　　　　　）、（　　　　）和（　　　　　　　　　　）的事件，均构成军运事故。

4. 铁路军事运输产生的费用，实行（　　　）和（　　　）两种付费方式。

5. 使用固定客车车底运送新、老兵，每批按（　　　）和（　　　）、（　　　）的票价计费。

6. 军事人员运输，中途发生换乘时，均按（　　　）的种类、席别的票价计费。

7. 在退伍老兵运输期间，退伍战士随身携带的行李、物品、书籍等，铁、水路准予免费携带（　）kg，公路准予免费携带（　）kg。

二、判断题

1. 根据任务性质和装备性能，铁路军事运输分为重要和一般两个运输等级。（　　）

2. 凡由国防工委归口管理的属经商性质的军用品均可按军运办理。（　　）

3. 在军事运输过程中，发生非正常人员伤亡、物质损失和延误军事运输任务的事件，均构成军运事故。（　　）

4. 铁路军事运输计费付费办法是为了统一铁路军事运输的计费与付费，加强军运运价管理，根据国家有关政策规定，结合军事运输实际而制定的。（　　）

5. 军运后付客票按每辆客车填写一张代用票。（　　）

6. 现行军运号码用阿拉伯数字组成，人员军运号码由分数组成，物资军运号码由整数组成。（　　）

7. 铁路军事运输产生的费用，实行"记账"和"现金"两种付费方式。（　　）

8. 军运现付，实行同类物资的商运运价，由托运单位直接向车站支付。（　　）

9. 铁路军运运价属于指令性运价，未经运价主管部门批准，任何地区、部门、单位不得擅自提价或额外收取其他费用。（　　）

10. 军运后付客票，填写代用票，并只填甲、乙两联，丙联不填，车站留存。（　　）

11. 军运后付客票,由车站客运部门填写,始发站不办理客运或人员、物资一起运输时,后付客票由货运部门填写。　　　　　　　　　　　　　　　　　　　　　　（　　）

12. 国家铁路(含地方铁路)的军运运价,由铁道部、总后勤部根据国家有关规定制定。

　　　　　　　　　　　　　　　　　　　　　　　　　　　　　　　　　　　　（　　）

13. 军运后付的军用卫生列车(包括伤员车、手术车、行李车、餐车、硬座车),每车按 85 人(米轨按 35 人)定员的硬座票价计费。　　　　　　　　　　　　　　　　　（　　）

14. 在退伍老兵运输期间,退伍战士随身携带的行李、物品、书籍等,铁路准予免费携带 35 kg。　　　　　　　　　　　　　　　　　　　　　　　　　　　　　　　　　　（　　）

三、选 择 题

1. 军事运输,棚车代用客车,不分车辆吨位与实乘人数,每车按（　　）人硬座票价计费。

A. 45　　　　　　　　　　B. 50　　　　　　　　　　C. 55

2. 军运人员专列(不含人、货混合列车)按（　　）的客运运价里程计算。

A. 指定径路　　　　　　B. 最短径路　　　　　　C. 实际径路

3. 军事运输,用自备车或租用车运送人员时,客车按车辆定员的座(铺)别,以"军运人员票价表"的（　　）计费。

A. 70%　　　　　　　　　B. 75%　　　　　　　　　C. 80%

4. 军事人员运输,途中发生换乘时,均按首乘列车的种类、席别的票价计费。如首乘系新型空调列车,应依据"军运人员票价表"加价（　　）计算全程票价。

A. 30%　　　　　　　　　B. 40%　　　　　　　　　C. 50%

5. 军事人员运输,使用公务车时,按（　　）人的软座票价和高级包房的卧铺票价计费。

A. 18　　　　　　　　　　B. 24　　　　　　　　　　C. 32

四、简 答 题

1. 何谓军运后付?

2. 后付凭证如何填发?

3. 新老兵运输期限,指的是何时?

4. 新老兵运输有哪些方式?

5. 退伍老兵行李托运的安全检查工作有何规定?

五、综 合 题

1. 2011 年 7 月 14 日，驻哈某部队持 6034567 号铁路军运后付凭证（内填记军运号 082002，付费号 201，托运部队 82001，发站哈尔滨，需要软卧 1 辆，定员 36 人），办理人员运输，哈尔滨站请示上级同意在 T18 次（哈尔滨—北京的新型空调车）列车挂运 RW50976 一辆。试填制军后代用票。

A 000000		× × 铁 路 局

代 用 票

20　　年　月　日乙（旅客）

A 000000

事由		

原	种　别	日　期	年　月　日	座　别	
		号　码		经　由	
		发　站		票　价	
票		到　站		记　事	

自		站至	站	经由	
				全程　　　千米	

加收	至	间	票价
补收	至	间	票价

限乘当日第		次列车	客票票价
于　　月		日到达有效	快票价

座　别	人　　数		卧票价
	全　价		手续费
	半　价		
	儿　童		合　计

记事	

⊗ ……… 段第 ……… 次列车列车长 ……… 印

……… 站售票员 ……… 印

注意事项	①核收票价与剪断线不符时，按无效处理（不足 10 元的除外，超过万元的保留最高额）。 ②撕角、补贴、涂改即做无效。　A 000000

120毫米×185毫米

9 8 7 6 5 4 3 2 1　拾元

9 8 7 6 5 4 3 2 1　佰元

9 8 7 6 5 4 3 2 1　仟元

2.2 月 1 日,驻柳某部队持 0289953 号铁路军运后付凭证(军运号 72003,付费号 201),向柳州站请求使用硬座车 2 辆,供人员运输。柳州站请示上级同意在 1628 次(南宁—郑州的新型空调车)列车预留 YZ30301(定员 118),YZ30976(定员 118)两辆。试填制军后代用票。

A 000000　　　　×× 铁 路 局

事由

代 用 票

20　年　月　日乙(旅客)

A 000000

原票	种　别	日　期	年 月 日	座　别
	号　码			经　由
	发　站			票　价
	到　站			记　事

自　　站至　　站	经由
	全程　　千米

加收　　至　　间	票价
补收　　至　　间	票价
限乘当日第　　次列车	客票票价
于　月　日到达有效	快票价
座别　　人　　数	卧票价
全　价	手续费
半　价	
儿　童	合　计

记事	

⊗　　段第　　次列车列车长　　印
　　　　　　站售票员　　印

注意事项　①核收票价与剪断线不符时,按无效处理(不足
　　　　　　　10元的除外,超过万元的保留最高额)。
　　　　　②撕角、补贴、涂改即做无效。

A 000000

120毫米×185毫米

拾元
9 8 7 6 5 4 3 2 1

佰元
9 8 7 6 5 4 3 2 1

仟元
9 8 7 6 5 4 3 2 1

第十二章

毕业设计——铁路客车方案编制

第一节　设计目的和要求

根据铁道交通运营管理专业教学计划及培养目标的要求,客运方向进行本课题毕业设计。

设计目的在于培养学生综合运用所学的基础理论与专业知识,在指导教师指导下,与铁路实际运用相结合,提高分析、解决问题的能力,培养提高学生的实际动手能力,强化铁路技能,使学生初步掌握科学研究的基本方法,为以后工作打下良好基础。

为较好的完成本设计,学生应做到:

1. 执行国家的运输政策和进一步改革开放的方针政策。

2. 遵循有关规章制度及作业标准的规定。

3. 深入调查研究,细致地收集各项所需资料,独立完成各项设计内容。

4. 综合考虑,均衡安排,指标较好,方案最优,有电子文档,设计方案、措施、方法要力争符合现场实际作业情况,具有可行性。

5. 设计文件的文字说明要文理通顺、条目清晰,图纸表格绘制工整。

6. 借用的文件资料要妥善保管。

第二节　设计内容

本设计为某海岛铁路客车方案的编制,按照客运量预测→客流计划编制→技术计划编制三部分进行,其内容相互关联,设计时必须细致、完善、正确,否则会影响和贻误下一个环节。下面给定Ⅰ、Ⅱ两个方案,指导教师选择其一布置给学生。

一、客运量预测

1. 已知条件

方案Ⅰ朝阳站、方案Ⅱ红星站历年实际客运量见表 12-1、12-2。

表 12-1　方案Ⅰ　朝阳站历年实际客运量

年　份	客运发送量(万人)	年　份	客运发送量(万人)
1	151.04	5	184.65
2	160.10	6	191.91
3	167.95	7	199.73
4	176.68	8	208.55

表 12-2　方案Ⅱ　红星站历年实际客运量

年　份	客运发送量（万人）	年　份	客运发送量（万人）
1	184.74	5	225.85
2	195.82	6	234.73
3	205.42	7	244.29
4	216.10	8	255.10

2. 任务要求

方案Ⅰ

(1)根据历史资料,绘制散点图。

(2)试用时间序列法分别预测第 9、10、11 年的客运量(要求写明计算步骤及列出时间序列计算表,取 $n=3$,并把 6、7、8 年的预测量也填于表中)。

(3)计算朝阳站第 9 年度的日均客运发送量,并根据历年统计资料的百分比(见表 12-3),按去向列出日均客运量。

表 12-3　朝阳站历年统计资料

百分比　到站 发站	红星	青云	五洲	东方
朝　阳	58.55	17.94	13.55	9.96

方案Ⅱ

(1)根据历史资料,绘制散点图。

(2)试用时间序列法分别预测第 9、10、11 年的客运量(要求写明计算步骤及列出时间序列计算表,取 $n=3$,并把 6、7、8 年的预测量也填于表中)。

(3)计算红星站第 9 年度的日均客运发送量,并根据历年统计资料的百分比(见表 12-4),按去向列出日均客运量。

表 12-4　红星站历年统计资料

百分比　到站 发站	朝阳	青云	五洲	东方
红　星	17.96	41.08	25.79	15.17

二、客流计划编制

1. 已知条件

方案Ⅰ

(1)某线路有四个客流区段,其营业里程如图 12-1 所示。

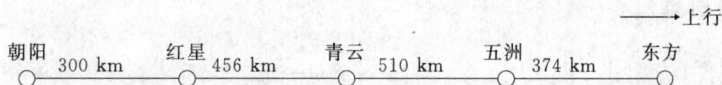

───→上行

朝阳　　　红星　　　青云　　　五洲　　　东方

　　300 km　　　456 km　　　510 km　　　374 km

图 12-1　线路示意图

(2)管内旅客发送量见表12-5。

表12-5　方案Ⅰ　管内旅客发送量　　　　　单位:人

发送＼到达	朝阳站	红星站	青云站	五洲站	东方站
朝阳站	—	预测值	预测值	预测值	预测值
红星站	1 299	—	2 971	1 865	1 097
青云站	951	396	—	3 404	1 936
五洲站	1 445	1 355	1 076	—	4 759
东方站	2 116	2 022	1 476	2 599	—

方案Ⅱ

(1)某线路有四个客流区段,其营业里程如图12-2所示。

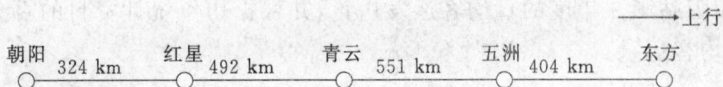

→上行

朝阳　324 km　红星　492 km　青云　551 km　五洲　404 km　东方

图12-2　线路示意图

(2)管内旅客发送量见表12-6。

表12-6　方案Ⅱ　管内旅客发送量　　　　　单位:人

发送＼到达	朝阳站	红星站	青云站	五洲站	东方站
朝阳站	—	3 461	1 061	801	589
红星站	预测值	—	预测值	预测值	预测值
青云站	951	396	—	3 404	1 936
五洲站	1 445	1 355	1 076	—	4 759
东方站	2 116	2 022	1 476	2 599	—

2. **任务要求(方案Ⅰ、Ⅱ共用)**

(1)编制管内客流斜表。

(2)绘制管内客流图。

(3)计算下列指标:

①管内旅客发送量。

②管内旅客周转量。

③管内旅客平均行程。

④线路客运密度。

三、技术计划编制

1. **已知条件(方案Ⅰ、Ⅱ共用)**

(1)上步所绘制的管内客流图。

（2）客流比重及列车定员如下：

①乘坐特快列车的客流占总客流的15％；乘坐快速列车的客流占剩余客流的38％；其余乘坐慢车。

②各种旅客列车定员为：特快列车定员900或1 000；快速列车定员1 100或1 200；慢车定员1 300或1 400。

（3）旅客列车区段运行停站时分标准见表12-7。

表 12-7　旅客列车区段运行停站时分标准表

慢车	快速	特快	列车 区段 列车	特快	快速	慢车
			东方			
2.50	2.42	2.40	运行时分	2.44	2.48	2.58
0.58	0.17	0.07	停站时分	0.05	0.15	0.52
0.30	0.09	0.06	起停附加时分	0.06	0.09	0.30
0.12	0.12	0.12	慢行时分	0.12	0.12	0.12
4.30	3.20	3.05	计	3.07	3.24	4.32
0.20	0.15	0.15	五洲	0.16	0.16	0.21
3.55	3.53	3.50	运行时分	3.52	3.55	3.57
1.09	0.27	0.17	停站时分	0.15	0.25	1.07
0.42	0.12	0.09	起停附加时分	0.09	0.12	0.42
0.14	0.14	0.14	慢行时分	0.14	0.14	0.14
6.00	4.46	4.30	计	4.30	4.46	6.00
0.25	0.17	0.17	青云	0.16	0.16	0.24
3.26	3.13	3.10	运行时分	3.13	3.17	3.31
1.05	0.27	0.07	停站时分	0.05	0.25	1.03
0.39	0.12	0.06	起停附加时分	0.06	0.12	0.39
0.15	0.15	0.15	慢行时分	0.15	0.15	0.15
5.25	4.07	3.38	计	3.39	4.09	5.28
0.20	0.15	0.15	红星	0.15	0.15	0.20
2.00	2.00	1.57	运行时分	1.57	2.00	2.00
0.22	0.07		停站时分		0.07	0.22
0.30	0.09	0.03	起停附加时分	0.03	0.09	0.30
			慢行时分			
2.52	2.16	2.00	计	2.00	2.16	2.52
			朝阳			
19.52	15.16	14.00	下行 合计 上行	14.03	15.22	19.57

注：表中数字小数点前表示小时数，小数点后表示分钟数。

2. 任务要求(方案Ⅰ、Ⅱ共用)

(1)确定旅客列车运行区段、计算行车量。

(2)绘制各区段、各种旅客列车的合理开车范围。

(3)按照合理开车范围,选择最佳运行线铺画客车方案图。

(4)根据客车方案图编制旅客列车时刻表。

(5)根据客车方案图,用图解法确定各次旅客列车的车底数。

(6)计算下列指标:

①旅客列车平均直通速度。

②旅客列车平均技术速度。

③直通速度系数。

④旅客列车车底平均日车公里。

(7)先做出一个开行方案,计算相关指标,然后在此方案上优化,再做出第二个开行方案,计算相关指标,并对两个开行方案进行比较,写出优劣结论。

(8)自我评价及体会。

第三节　设 计 指 导 书

一、客运量预测指导书

1. 根据朝阳站(红星站)历年客运量统计资料所绘制的散点图可看出,其趋势近乎斜线,为此,可运用时间序列法进行客运量的预测,因而有:

$$Y^K = a + bt$$
$$a = 2M_t^1 - M_t^2$$
$$b = M_t^1 - M_t^2$$

设一次移动平均数为 M_t^1,二次移动平均数为 M_t^2,取平均时距为 $n=3$。

则一次移动平均数:

$$第三年 \quad M_{t \atop (03)}^1 = \frac{X_{01} + X_{02} + X_{03}}{3}$$

$$第四年 \quad M_{t \atop (04)}^1 = \frac{X_{02} + X_{03} + X_{04}}{3}$$

$$第五年 \quad M_{t \atop (05)}^1 = \frac{X_{03} + X_{04} + X_{05}}{3}$$

二次移动平均数 M_t^2,不过是一次移动平均数的再一次移动平均而已,即

$$第五年 \quad M_{t \atop (05)}^2 = \frac{M_{t \atop (03)}^1 + M_{t \atop (04)}^1 + M_{t \atop (05)}^1}{3}$$

2. 其余依此类推,并将计算数据填入表中,计算中保留小数 2 位,第三位四舍五入,但误差值保留小数 3 位。

3. 根据朝阳站(红星站)历年统计资料的百分比,计算朝阳站(红星站)第 9 年度去向的日均客运发送量,并将计算数据填入表中,计算结果取整数,小数采取四舍五入。

二、客流计划编制指导书

1. 关于管内客流斜表、客流图的编制

(1)各大站及客流区段的发到旅客人数显示于表上。表内左边一列站名为发站,上边一行站名为到站。将发站发送的客流量按到站分列在同一行的相应栏内,表示出管内客流的流量和流向。表中斜线以上为上行,斜线以下为下行。

(2)为使管内客流斜线表所表示的客流计划更为明显、清晰,而且便于计算旅客运输指标和确定旅客列车行驶区段与行车量,可将斜线表上的各项数字按一定的比例、格式,用图案的形式绘制出管内客流图。同时,为了便于识别,在客流图上,对于由不同车站发送的客流,可用不同颜色或符号表示。

2. 旅客运输计划指标的计算

(1)管内旅客发送量

$$A_{发}^{管内} = A_{发}^{甲站} + A_{发}^{乙站} + A_{发}^{丙站} + \cdots = \sum A_{发}^{站} \qquad (人)$$

(2)管内旅客周转量

$$\sum A^{管内} L^{管内} = A_{发}^{甲站} L' + A_{发}^{乙站} L'' + A_{发}^{丙站} L''' + \cdots = \sum A_{发}^{站} L \qquad (人·km)$$

式中　$L', L'', L''' \cdots$——各站发送旅客的平均行程。

(3)管内旅客平均行程

$$L_{平均}^{管内} = \frac{\sum A^{管内} L^{管内}}{A_{运}^{管内}} \qquad (km)$$

(4)营业线路客运密度

$$\varepsilon_{客} = \frac{\sum A^{管内} L^{管内}}{L_{营业}} \qquad (人·km/km)$$

三、技术计划编制指导书

1. 关于旅客列车运行区段及行车量的确定

(1)朝阳、红星、青云、五洲、东方站均为城市所在站。

(2)在确定运行区段时,仅考虑客流变化情况,其他因素不予考虑(因任务书没给出资料)。

(3)特快、快速的客流量达不到列车容量70%时,可不开该种旅客列车。

(4)汇总朝阳—东方区段上总的行车量。

2. 旅客列车的合理开车范围

(1)旅客列车单程运行时间 T 的确定

以下行旅客列车运行时间为标准,从"旅客列车区段运行停站时分标准表"查得,T 以 h 为单位,取整数,满 30 min 者进为 1 h,不足者舍去。

(2)绘制旅客列车的合理开车范围

用小时格运行图分别画出下行各次旅客列车的合理开车范围,要求在图上注明车次、单程运行时间、合理开车范围及列车的始发、终到站名(上行列车合理开车范围同下行,从略)。

3. 客车方案图

(1)用小时格运行图,以下行快速列车区间运行时间确定站名线,填记站名。

(2)各次列车运行线的铺画,从已确定的合理开车范围中选取最佳的开车时刻,由始发站开始向到达站顺序铺画(也可从预计的交会站向两端铺画),如始发、到达站的发到时刻不恰当,车底折返时间不足或过长而浪费车底时,再作小范围的调整。

(3)铺画方案时,应考虑列车会让、待避所增加的附加时分,在区段内,旅客列车会让时,应遵守低速列车待避或停会高速列车,短途列车待避或停会长途旅客列车的原则,附加时分随单、双线及信、联、闭设备的条件而有所不同。一般地,停会附加 10 min,待避单线附加 30 min(双线附加 20 min)。本设计是单线,故采用单线附加数值,并要求在交叉点处标明附加时分,低速列车停会高速列车时,附加时分加在低速列车上;相同等级列车交会时,一般附加在旅行时间较短的列车上,并使上、下行列车总的旅行时间相接近。尽量减少待避次数,提高直通速度。旅客列车会让额外增加的时间如图 12-3 所示。

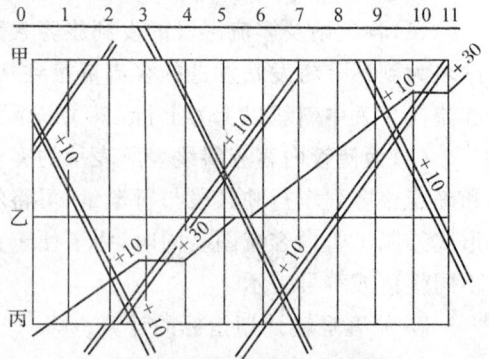

图 12-3　旅客列车会让额外增加的时间示意图

(4)要尽可能的考虑客车方案的编制原则,为货物列车运行创造良好的条件。注意均衡性、快慢车的配合以及节省车底组数,避免密集出发或到达。当然,在具体的铺画过程要同时实现诸多的要求是不可能的,只能根据具体情况均衡利弊,统筹安排。

(5)要严格遵守"旅客列车区段运行停站时分标准表"给定的时间,不得随意加大或缩小,要求铺一列核一列。

(6)客运机车、车底,在本、外段的停留时间标准,见表 12-8。

(7)青云站禁止办理相对方向同时接车和同方向同时发接(或接发)列车。

(8)本设计为单线,车站间隔时间 τ 的规定见表 12-9。

表 12-8　客运机车、车底,在本、外段的停留时间标准

种　别	区　段	本　段	外　段
机车		≥2 h	≥1.5 h
车底		≥6 h	≥4 h

注:朝阳、红星、青云站为机车、车底配属站(即本段);五洲、东方站为折返站(即外段)。

表 12-9　车站间隔时间 τ 的规定

种　别	时间标准(min)	图　　例
$\tau_{不}$	5	
$\tau_{会}$	3	
$\tau_{发到}$	6	
$\tau_{到发}$	2	

(9)为使铺画旅客列车详图易于调整,在铺画方案图时要求如下:

①自一列车由车站出发时起,至相对方向另一列车到达车站时止的间隔时间不得小于 30 min,如图 12-4(a)所示。

②自一列车由车站出发时起,至由该站发出另一列同方向列车时止时间间隔不得小于 15 min,如图 12-4(b)所示。

③自一列车到达车站时起,至相同方向另一列车到达车站时止的间隔时间不得小于 15 min,如图 12-4(c)所示。

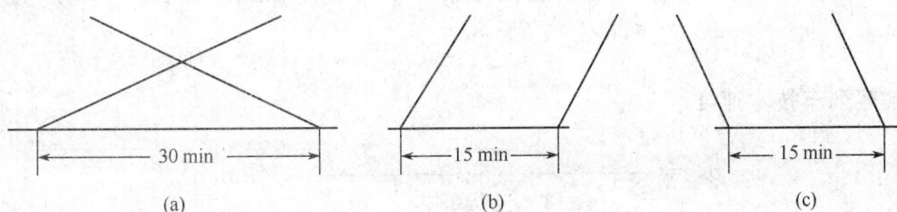

图 12-4　时间间隔标准

(10)车次的编定:各种旅客列车车次的编定,均由小号编起,特快由 T5001/2 次起,快速由 K7001/2 次起,慢车由 6201/2 次起依次编号(按区段在方案图上从左至右依次编号)。

(11)列车运行线铺画完后,应进行细致的审查:

①列车对数是否符合既定的任务,快慢车运行线相结合的情况是否妥当。

②列车的区间运行时分是否准确,车站间隔时间及列车的停站时分是否符合规定的时间标准。

③列车车底在始发站和折返站的停留时间是否符合客车整备技术作业过程所规定的时间标准。

④列车的会让是否合理,会让点有无漏标记附加时分等。

4. 旅客列车时刻表的编制

根据方案图规定的车次、运行区段、停车站及到发时分等事项,编制旅客列车时刻表。

5. 确定各次旅客列车的车底数

(1)采用图解法,用 24 小时格图绘制。

(2)在图上要标明车次及始发、终到时刻并标出箭头。

(3)运行线一律由配属站向折返站铺画。

6. 计算有关指标

旅客列车方案图编制审查完毕后,应计算方案图的各项数量及质量指标。

(1)根据方案图,填制"旅客列车指标计算表"分别计算旅客列车直通速度、技术速度及速度系数。

①表中"车次"栏按照特快、快速、慢车顺序填写。

②表中"停站时分"栏的数值,包括方案图的停站时分和"旅客列车区段运行停站时分标准表"中有关区段内的停站时分。

③表中的数值均保留 2 位小数,第 3 位四舍五入。

④旅客列车平均直通速度($v_直$)是指旅客列车平均每小时所运行的公里数。

a. 旅客列车直通速度

$$v_直 = \frac{L}{\sum t_{运行} + \sum t_{起停} + \sum t_{慢行} + \sum t_{停站}} \quad (\text{km/h})$$

b. 全部旅客列车平均直通速度

$$平均直通速度 = \frac{全部列车公里总和}{全部旅客列车运行全程时分总和} \quad (km/h)$$

即

$$v^{平}_{直} = \frac{\sum nL}{\sum nt_{运行} + \sum nt_{起停} + \sum nt_{停站} + \sum nt_{慢行}} \quad (km/h)$$

⑤旅客列车技术速度($v_{技}$)是指不包括停站时分在内的旅客列车的平均每小时所运行的公里数。

a. 旅客列车技术速度

$$v_{技} = \frac{L}{\sum t_{运行} + \sum t_{起停} + \sum t_{慢行}} \quad (km/h)$$

b. 全部旅客列车平均技术速度

$$平均技术速度 = \frac{全部列车公里总和}{总的运行时分 + 总的起停时分 + 总的慢行时分} \quad (km/h)$$

即

$$v^{平}_{技} = \frac{\sum nL}{\sum nt_{运行} + \sum nt_{起停} + \sum nt_{慢行}} \quad (km/h)$$

⑥直通速度系数(β)是指直通速度与技术速度的比值,即

$$\beta = \frac{v^{平}_{直}}{v^{平}_{技}}$$

(2)根据"旅客列车车底运用状况图"填制"旅客列车车底组数、平均日车公里计算表"。

① 车底周转时间是自始发站出发时起至下次再由始发站出发时止车底所经过的时间,即

$$T_{车底} = t_1 + t_2 + t_3 + t_4 \quad (h)$$

② 车底周转天数为车底周转时间除以 24 h,即

$$\theta_{车底} \frac{T_{车底}}{24} \quad (d)$$

③ 该种旅客列车的车底需要数为:

$$n_{车底} = \theta_{车底} \cdot K \quad (组)$$

④一对旅客列车的车底平均日车公里($S_{车底}$)指一对旅客列车的车底在一昼夜内平均运行的公里数,即

$$S_{车底} = \frac{2L}{\theta_{车底}} \quad 〔km/(车底 \cdot d)〕$$

⑤全部旅客列车的车底日车公里($S^{总}_{车底}$),即

$$S^{总}_{车底} = \frac{全部车底运行公里总和}{车底总数} \quad 〔km/(车底 \cdot d)〕$$

四、设计所用表格

客运量动态数列表

年份	Y^k（万人次）	M_t^1（$n=3$）	M_t^2（$n=3$）	a	b	$\hat{Y}^k$	$\dfrac{\hat{Y}^k-Y^k}{Y^k}$

注：误差值保留小数 3 位，其余保留 2 位。

＿＿＿站第 9 年度日均客运发送量表

日　均　　　到　站发　送量（人）发　站	合计	红星（朝阳）	青云	五洲	东方
		百分比			

客　流　斜　表

发站\到站	距离公里	朝阳	红星	青云	五洲	东方	上行	下行	总计
朝阳									
红星									
青云									
五洲									
东方									
上行									
下行									
总计									

客　流　图

比　例　尺

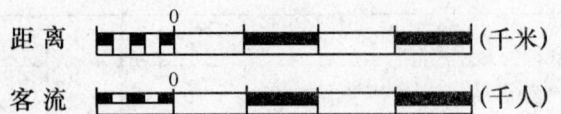

距离　　　　0　　　　　　　　　　　　（千米）

客流　　　　0　　　　　　　　　　　　（千人）

朝阳—东方区段行车量汇总表

区段　列车　站别　车　种　类	朝阳　红星　青云　五洲　东方					列车总定员
输　送　能　力						
实　际　客　流						
比　　　较						

注：超员用"＋"、虚糜用"－"表示；

　　行车量以线条表示，并注明列车定员。

合理开车范围图

时间 站名	0	1	2	3	4	5	6	7	8	9	10	11	12	13	14	15	16	17	18	19	20	21	22	23	24

站名 时间	0	1	2	3	4	5	6	7	8	9	10	11	12	13	14	15	16	17	18	19	20	21	22	23	24

说明：

列车运行方案图

编制人 _____

| | 0 | 1 | 2 | 3 | 4 | 5 | 6 | 7 | 8 | 9 | 10 | 11 | 12 | 13 | 14 | 15 | 16 | 17 | 18 | 19 | 20 | 21 | 22 | 23 | 24 | |

注:该图的尺寸为 20 cm×32 cm

旅客列车时刻表

站名 开 车次 / 站 名 / 住 车次						

旅客列车车底运用状况图

车　次	运　行区　段	车　底　周　转　图
		1　　　　　　2　　　　　　3　　　　　　4

车　次	运　行区　段	车　底　周　转　图
		1　　　　　　2　　　　　　3　　　　　　4

车　次	运　行区　段	车　底　周　转　图
		1　　　　　　2　　　　　　3　　　　　　4

车　次	运　行区　段	车　底　周　转　图
		1　　　2　　　3　　　4　　　5　　　6

旅客列车车底组数、平均日车公里计算表

车次	车底周转时间（h）				车底周转天数 $\theta_{车底}$	一周期所需车底组数 $n_{车底}$	每天平均发出列数 K	列车车底运行公里 $2L$	列车车底日车公里 $S_{车底}$
	$t_{车底}$	t_1	t_1	t_1					
合计									

全部列车车底平均日车公里 $S_{车底}^{总} =$

注：t_1——车底自配属站至折返站走行的时间；

　　t_2——在折返站的停留时间；

　　t_3——车底自折返站至配属站走行的时间；

　　t_4——在配属站的停留时间。

旅客列车"平均直通速度"、"平均技术速度"、"直通速度系数"计算表

车　次	运行时分、起停附加时分、慢行时分之和	停站时分	停会待避时分	合　计（时分）	运行距离（km）	$v_{直}$（km/h）	$v_{发}$（km/h）
合　计							

旅客列车平均技术速度＝

旅客列车平均直通速度＝

旅客列车直通速度系数＝

参考答案

第一章 参考答案

一、填 空 题

1. 20   100   400   20
2. 20   100
3. 最短径路并采取通算
4. 分别按各区段里程
5. 国铁行包统一运价及相关计费标准并里程通算
6. 20%   四舍五入
7. 5 元/人次   2 元/人次
8. 5 元/票次   10 元/票次
9. 硬座票价率的 1%
10. 三类包裹运价率
11. 50   行李运价加倍
12. 包裹
13. 行李   包裹
14. 1
15. 客票票价   附加票票价

二、判 断 题

1. √ 2. × 3. × 4. × 5. × 6. √ 7. √ 8. × 9. √ 10. × 11. × 12. ×
13. × 14. × 15. ×

三、选 择 题

1. C 2. A 3. A 4. B 5. B 6. C 7. C 8. A 9. C 10. A 11. C 12. A 13. B
14. B 15. C 16. B 17. C 18. A 19. A 20. A 21. C 22. A 23. A 24. C 25. B
26. C 27. C 28. B 29. A 30. A

四、简 答 题

1.【答】

客运杂费是指在铁路运输过程中,除去旅客车票票价和行李、包裹运价以外,铁路运输企业向旅客、托运人、收货人提供的辅助作业、劳务及物耗等所收的费用。

2.【答】

该费用包括搬运费、送票费、接取送达费、手续费、行李包裹变更手续费、查询费、装卸费等。

3.【答】

票价率与票价比例关系、票价里程区段、递远递减率。

4.【答】

基本票价的计算,除初始区段不足起码里程和最后一个区段按中间里程计算外,其余各区段均分别按其区段里程计算,根据各区段的递减票价率求出各该区段的全程票价和最后一个区段按中间里程求出的票价加总,即为基本票价。

5.【答】

规定的接算站就是为了将发、到站间跨及两条以上不同线路衔接起来,进行里程加总计算票、运价所规定的接算衔接点。

6.【答】

接算站主要有以下三种形式:

(1)接轨站。

(2)接轨站附近的城市所在站。

(3)同城零公里接算站。

7.【答】

票价率随着运距的延长而不断降低的一种计价方式。

8.【答】

行李运价里程,按实际运送径路计算,即按旅客的客票指定径路计算。但旅客持远径路的客票,要求行李由近径路运送时,如近径路有直达列车,也可以按近径路计算。

9.【答】

包裹运价里程,按最短径路计算,但有指定径路时,按指定径路计算。押运包裹的运价里程,按实际运送径路计算。

10.【答】

行李、包裹均按重量计算运价,但有规定计价重量的物品,按规定重量计价,并规定了起码计费重量为 5 kg,超过 5 kg 时,不足 1 kg 的尾数进为 1 kg。

11.【答】

特定运价是对一些特殊运输方式和特殊运价区段而制定的客运运价,包括以下两个方面:

(1)包车、租车、挂运、行驶等运价的计价规定。

(2)国家铁路、合资铁路、地方铁路及特殊运价区段间办理直通过轨运输的计价规定。

12.【答】

包车停留费是指包车或加开的专用列车,根据包车人提出的要求,在发站、中途站、折返站停留时(因换挂接续列车除外),所应付的费用。

13.【答】

包车空驶费是指包车人指定要在某日包用某种车辆,而乘车(装运)站没有所需车辆,须从外站(车辆所在站)向乘车(装运)站空送时,以及用完后送至车辆原所在站,所产生空驶应付的费用。

14.【答】

国家铁路、合资铁路、地方铁路及特殊运价区段间相互办理直通旅客、行包运输业务称为过轨运输。

五、综 合 题

1.【解】

(1)确定包裹区段中间里程

西安—郑州 511 km。

$$n=\frac{511-300}{30}=7.03\approx7$$

$$L_{中间}=300+(7+0.5)\times30=525(km)$$

(2)计算三类包裹运价

① 1 kg三类包裹运价基数

$$E=0.001\ 518\times200+0.001\ 366\ 2\times300+0.001\ 214\ 4\times25=0.743\ 82\approx0.744(元)$$

② 36 kg三类包裹运价

$$F=36\times0.744=26.784\approx26.80(元)$$

2.【解】

(1)确定包裹区段中间里程

成都—绵阳 115 km。

$$n=\frac{115-100}{20}=0.75\approx1$$

$$L_{中间}=100+(1-0.5)\times20=110(km)$$

(2)计算三类包裹运价

① 1 kg三类包裹运价基数

$$E=0.001\ 518\times110=0.166\ 98\approx0.167(元)$$

② 62 kg三类包裹运价

$$F=62\times0.167=10.354\approx10.40(元)$$

3.【解】

(1)旅客凭有效客票可以托运行李一次。托运行李的重量应在 50 kg 以内,按行李运价计算;超过 50 kg 时,对超过部分按行李运价加倍计算。

(2)运价计算

① 确定行李区段中间里程

$$n=\frac{1\ 587-1\ 100}{50}=9.74\approx10$$

$$L_{中间}=1\ 100+(10-0.5)\times50=1\ 575(km)$$

②计算行李运价

1 kg行李运价基数

$$E = 0.000\ 586\ 1 \times 200 + 0.000\ 527\ 49 \times 300 + 0.000\ 468\ 88 \times 500 +$$
$$0.000\ 410\ 27 \times 500 + 0.000\ 351\ 66 \times 75 = 0.741\ 416\ 5 \approx 0.741(元)$$

62 kg行李运价

$$F = 50 \times 0.741 + 12 \times 0.741 \times 2 = 54.834 \approx 54.80(元)$$

4.【解】

(1)旅客凭有效客票可以托运行李一次。托运行李的重量应在50 kg以内,按行李运价计算,超过50 kg时,对超过部分按行李运价加倍计算。

(2)运价计算

① 确定行李区段中间里程

$$n = \frac{538 - 400}{30} = 4.6 \approx 5$$

$$L_{中间} = 400 + (5 - 0.5) \times 30 = 535(km)$$

②计算行李运价

1 kg行李运价基数

$$E = 0.000\ 586\ 1 \times 200 + 0.000\ 527\ 49 \times 300 + 0.000\ 468\ 88 \times 35$$
$$= 0.291\ 877\ 8 \approx 0.292(元)$$

58 kg行李运价

$$F = 50 \times 0.292 + 8 \times 0.292 \times 2 = 19.272 \approx 19.30(元)$$

5.【解】

(1)确定区段中间里程

$$n = \frac{385 - 200}{20} = 9.25 \approx 9$$

$$L_{中间} = 200 + (9 + 0.5) \times 20 = 390(km)$$

(2)计算硬座客票票价

$$E = 0.058\ 61 \times 200 + 0.052\ 749 \times 190 = 21.744\ 31(元)$$
$$B = 21.744\ 31 \times 2\% = 0.434\ 886\ 2 \approx 0.50(元)$$
$$F_{硬客} = 21.744\ 31 + 0.50 = 22.244\ 31 \approx 22.00(元)$$
$$F'_{硬客} = F_{硬客} + R + H = 22.00 + 1.00 + 1.00 = 24.00(元)$$

(3)计算快速加快票票价

$$F_{普快} = 20\% \times 21.744\ 31 = 4.348\ 862 \approx 4.00(元)$$
$$F_{快速} = 2 \times 4.00 = 8.00(元)$$

(4)计算卧铺中铺票票价(不足起码里程按起码里程计算,不用找中间里程)

$$E = 0.058\ 61 \times 200 + 0.052\ 749 \times 200 = 22.271\ 8(元)$$
$$F^{中}_{硬卧} = 120\% \times 22.271\ 8 + 10.00 = 36.726\ 16 \approx 37.00(元)$$

(5)计算硬座客快速卧(中铺)票价

$$F = F_{硬客} + F_{快速} + F^{中}_{硬卧} = 24.00 + 8.00 + 37.00 = 69.00(元)$$

6.【解】

查运价里程表:柳州—长沙724 km,长沙—武昌362 km。

(1)第一次托运63 kg,柳州—长沙724 km按行李计算运费,超过50 kg的部分按行李运价加倍计算;长沙—武昌362 km按三类包裹计算运费。

① 行李段(柳州—长沙 724 km)
$$n=(724-700)/40=0.6\approx1$$
$$L_{中间}=700+(1-0.5)\times40=720(km)$$

1 kg 行李运价基数
$$E=0.000\ 586\ 1\times200+0.000\ 527\ 49\times300+0.000\ 468\ 88\times220$$
$$=0.378\ 620\ 6\approx0.379(元)$$

63 kg 行李运价
$$F=0.379\times50+0.379\times13\times2=28.804\approx28.80(元)$$

② 包裹段(长沙—武昌 362 km)
$$n=(362-300)/30=2.07\approx2$$
$$L_{中间}=300+(2+0.5)\times30=375(km)$$

1 kg 三类包裹运价基数
$$E=0.001\ 518\times200+0.001\ 366\ 2\times175=0.542\ 685\approx0.543(元)$$

63 kg 三类包裹运价
$$F=0.543\times63=34.209\approx34.20(元)$$

(2)第二次托运的 16 kg,全程按照三类包裹计算运费。

柳州—武昌 1 086 km。
$$n=(1\ 086-1\ 000)/50=1.72\approx2$$
$$L_{中间}=1\ 000+(2-0.5)\times50=1\ 075(km)$$

1 kg 三类包裹运价基数
$$E=0.001\ 518\times200+0.001\ 366\ 2\times300+0.001\ 062\ 6\times75+0.001\ 214\ 4\times500+$$
$$0.001\ 062\ 6\times86=1.400\ 355\approx1.40(元)$$

16 kg 三类包裹运价
$$F=1.40\times16=22.40\ 元$$

(3)两次托运行李的总运费
$$F_{总}=28.80+34.20+22.40=85.40(元)$$

7.【解】

(1)确定区段中间里程
$$n=\frac{554-400}{30}=5.13\approx5$$
$$L_{中间}=400+(5+0.5)\times30=565(km)$$

(2)计算硬座客票票价
$$E=0.058\ 61\times200+0.052\ 749\times300+0.046\ 888\times65=30.594\ 42(元)$$
$$B=30.594\ 42\times2\%=0.611\ 888\ 4\approx0.70(元)$$
$$F_{硬客}=30.594\ 42+0.70=31.294\ 42\approx31.00(元)$$
$$F'_{硬客}=F_{硬客}+R+H=31.00+1.00+1.00=33.00(元)$$

(3)计算快速加快票票价
$$F_{普快}=20\%\times30.594\ 42=6.118\ 884\approx6.00(元)$$
$$F_{快速}=2\times6.00=12.00(元)$$

(4)计算卧铺中铺票价

$$F^{中}_{硬卧}=120\%\times30.594\ 42+10.00=46.713\ 304\approx47.00(元)$$

(5)计算硬座客快速卧(中铺)票价

$$F=F_{硬客}+F_{快速}+F^{中}_{硬卧}=33.00+12.00+47.00=92.00(元)$$

8.【解】

(1)确定区段中间里程

$$n=(348-200)/20=7.4\approx7$$

$$L_{中间}=200+(7+0.5)\times20=350(km)$$

(2)计算软座客票票价

$$E=0.058\ 61\times200+0.052\ 749\times150=19.634\ 35(元)$$

$$B=19.634\ 35\times2\%=0.392\ 687\approx0.40(元)$$

$$F_{软客}=B+200\%E=0.40+200\%\times19.634\ 35=39.668\ 7\approx40.00(元)$$

$$F'_{软客}=F_{软客}+R=40.00+1.00=41.00(元)$$

9.【解】

(1)确定区段中间里程

$$n=(362-200)/20=8.1\approx8$$

$$L_{中间}=200+(8+0.5)\times20=370(km)$$

(2)计算硬座客票票价

$$E=0.058\ 61\times200+0.052\ 749\times170=20.689\ 33(元)$$

$$B=20.689\ 33\times2\%=0.413\ 786\ 6\approx0.50(元)$$

$$F_{硬客}=20.689\ 33+0.50=21.189\ 33\approx21.00(元)$$

$$F'_{硬客}=F_{硬客}+R+H=21.00+1.00+1.00=23.00(元)$$

(3)计算普通加快票票价

$$F_{普快}=20\%\times20.689\ 33=4.137\ 866\approx4.00(元)$$

(4)计算硬卧中铺票票价

卧铺票起码里程400 km(不足起码里程按起码里程计算,不用找中间里程)

$$E=0.058\ 61\times200+0.052\ 749\times200=22.271\ 8(元)$$

$$F^{中}_{硬卧}=22.271\ 8\times120\%+10.00=36.726\ 16\approx37.00(元)$$

10.【解】

(1)确定区段中间里程

$$n=(1\ 827-1\ 600)/60=3.783\approx4$$

$$L_{中间}=1\ 600+(4-0.5)\times60=1\ 810(km)$$

(2)计算软座客票票价

$$E=0.058\ 61\times200+0.052\ 749\times300+0.046\ 888\times500+0.041\ 207\times500+$$
$$0.035\ 166\times310=82.405\ 66(元)$$

$$B=82.405\ 66\times2\%=1.648\ 113\ 2\approx1.70(元)$$

$$F_{软客}=B+200\%E=1.70+200\%\times82.405\ 66=166.511\ 32\approx167.00(元)$$

$$F'_{软客}=F_{软客}+R=167.00+1.00=168.00(元)$$

(3)计算快速加快票票价

$$F_{普快}=20\%\times82.405\ 66=16.481\ 132\approx16.00(元)$$

$$F_{快速}=2\times16.00=32.00(元)$$

(4) 计算软卧下铺票票价

$$F_{软卧}^{下}=195\%\times82.405\ 66+10.00=170.691\ 037\approx171.00(元)$$

(5) 计算空调票票价

$$F_{空调}=25\%\times82.405\ 66=20.601\ 415\approx21.00(元)$$

第二章　参　考　答　案

一、填 空 题

1. 5　　7　　9

2. 乘车票据　　客票　　加快票　　卧铺票　　空调票

3. 附加票

4. 新旧径路里程的票价差额　　手续费

5. 未使用区间的空调票价

6. 硬座客票　　软座区段的软硬座票价差额

7. 本次列车终点　　换车

8. 卧铺　　卧铺

9. 误乘

10. 二等座车　　75%

11. 近径路　　远径路

12. 中华人民共和国残疾军人证　　中华人民共和国伤残人民警察证

13. 儿童票价　　全价票价与儿童票价的差额

14. 20 min

15. 购票地车站　　票面发站

16. 已收票价与已乘区段票价差额　　全部票价

17. 越站　　变座　　补卧

18. 四类包裹运费

19. 2　　1

20. 2 元/次

21. 无票

22. 另一旅行计划　　按客票越站乘车办理

23. 3

24. 物品本身价值的 50%

25. 品类及实际重量

26. 中途下车

27. 30

28. 最方便的列车

29. 100　　5

30. 补收儿童票价并核收手续费

二、判 断 题

1. × 　2. × 　3. × 　4. × 　5. √ 　6. × 　7. × 　8. √ 　9. × 　10. √ 　11. √ 　12. √ 　13. ×
14. × 　15. × 　16. × 　17. × 　18. × 　19. × 　20. √ 　21. √ 　22. √ 　23. × 　24. × 　25. ×
26. × 　27. √ 　28. × 　29. × 　30. × 　31. × 　32. × 　33. √ 　34. × 　35. √ 　36. × 　37. √
38. × 　39. × 　40. × 　41. × 　42. √ 　43. √ 　44. × 　45. √ 　46. ×

三、选 择 题

1. A 　2. B 　3. B 　4. C 　5. C 　6. C 　7. A 　8. C 　9. B 　10. C 　11. C 　12. B 　13. A 　14. A
15. C 　16. A 　17. B 　18. C 　19. C 　20. B 　21. B 　22. B 　23. C 　24. B 　25. C 　26. B 　27. A 　28. B
29. B 　30. A 　31. C 　32. C 　33. A 　34. C 　35. B 　36. C 　37. C 　38. C 　39. C 　40. C 　41. B 　42. C
43. B 　44. C 　45. B 　46. C 　47. C 　48. A 　49. B 　50. A

四、简 答 题

1.【答】

可以办理。因软座票是硬座票的 200%,而硬座客卧联合票是硬座的 210%(上)、220%(中)、230%(下)。由票价低的变更为票价高的可以办理。

2.【答】

铁路旅客运输合同是明确承运人与旅客之间权利义务关系的协议。

3.【答】

持有铁路有效乘车凭证的人和同行的免费乘车儿童、根据铁路货物运输合同押运货物的人称为旅客。

4.【答】

车票是运输合同,任何一种合同都有一定的时效,作为运输合同的车票也不例外,其时效即为有效期。

直达票当日当次有效。

通票有效期按乘车里程计算,1 000 km 以内为 2d,超过 1 000 km 时,每增加 1 000 km 增加 1 d,不足 1 000 km 的尾数也按 1d 计算。

5.【答】

身高 1.2～1.5 m 的儿童随同成人旅客乘车时,可购买半价客票、加快票和空调票。超过 1.5 m 的儿童和不足 1.5 m 的成人,均应购买全价票。每一成人旅客可免费携带身高不足 1.2 m 的儿童一名,超过的人数均应购买儿童票。

6.【答】

代用票是根据需要临时填发的票据。它是车站在无计算机设备或计算机设备故障等特殊情况下代用车票和办理旅游专列、团体旅客乘车、包车、旅行变更、旅客丢失车票补票以及在列车内补收票价、杂费时使用的一种票据。

7.【答】

越站乘车是指旅客原票到站即将到达,由于旅行计划的变更,要求超越原票到站至新到站的乘车。

8.【答】

先处理减价不符至过期站,再处理过期,按原等级价位核收至目的站,最后办理变座、补卧。

五、综 合 题

1.【解】

(1)确定票价里程

西安—郑州 511 km

(2)票价计算

硬座客票票价:30.00 元

普通加快票价:6.00 元

合计:30.00+6.00=36.00(元)

(3)填制代用票

西 安 铁 路 局

代 用 票

2011 年 7 月 1 日 乙（旅客）

A 000000

事由	客快

原	种 别	日 期	年 月 日	座 别
	号 码			经 由
	发 站			票 价
票	到 站			记 事

自 西安 站至 郑州 站	经由	
	全程	511 千米

| 加收 | 至 | 间 | 票价 | |
| 补收 | 至 | 间 | 票价 | |

| 限乘当日第 1046 次列车 | 客票票价 | 30.00 |
| 于当日月当次日到达有效 | 普快票价 | 6.00 |

座 别	人	数	卧票价	
硬	全 价	壹	手续费	
	半 价	#		
	儿 童	#	合 计	36.00

| 记事 | |

⊗ 段第 　 次列车列车长 　 印

西安 站售票员 印 印

注意事项
①核收票价与剪断线不符时，按无效处理（不足10元的除外，超过万元的保留最高额）。
②撕角、补贴、涂改即做无效。
A 000000

拾元 9 8 7 6 5 4 3 2 1
佰元 9 8 7 6 5 4 3 2 1
仟元 9 8 7 6 5 4 3 2 1

A 000000

120毫米×185毫米

2.【解】

(1)处理依据

发售软座客票时最远至本次列车终点站。旅客在乘车区间中,要求一段乘坐硬座车,一段乘坐软座车时,全程发售硬座客票。乘坐软座时,另收软座区间的软、硬座票价差额。

(2)票价计算

①长沙——衡——凭祥 1 199 km

普通硬座票价:61.00 元

普快票价:12.00 元

②长沙——衡——南宁 979 km

新型空调软座客快票价:183.00 元

普通硬座客快票价:62.00 元

补收软硬票价差:183.00-62.00=121.00(元)

合计:61.00+12.00+121.00=194.00(元)

(3)填制代用票

3.【解】

(1)处理依据

20 人以上乘车日期、车次、到站、座别相同的旅客可作为团体旅客。满 20 人时,给予免收 1 人票价的优惠,20 人以上每增加 10 人,再免收 1 个人的票价,但每年春运期间不予优惠。团体旅客中有分别乘坐座、卧车或成人、儿童时,按其中票价高的免收。

(2)票价计算

吉林—北京 1 131 km

28 人,免收 1 人票价,实收 27 人票价。

新空硬座票价:88.00×27＝2 376.00(元)

新空特快票价:34.00×27＝918.00(元)

新空空调票价:21.00×27＝567.00(元)

合计:3 861.00 元

(3)填制代用票

			沈 阳 铁 路 局				
A 000000			代　用　票				A 000000
事由	团体		2011 年 6 月 10 日 乙（旅客）				

原票	种　别	日　期	年　月　日	座　别	
	号　码		经　由	
	发　站		票　价	
	到　站		记　事	

自 吉林 站至 北京 站	经由　长春
	全程　1 131 千米

加收	/	至	/	间	/	票价	/
补收	/	至	/	间	/	票价	/
限乘当日第　T272　次列车				客票票价	2 376.00
于□日□次 □日到达有效				特快票价	918.00
座别	人　　数			卧票价	/
硬	全价	贰拾柒	手续费	/
	免收	壹	空调费	567.00
	儿童	#	合　计	3 861.00
记事	团体旅客证 0001-0027 张				
⊗	____ 段第 ____ 次列车列车长 ____ 印				印
	吉林 站售票员　印				印

注意事项：①核收票价与剪断线不符时，按无效处理（不足 10 元的除外，超过万元的保留最高额）。
②撕角、补贴、涂改即做无效。

A 000000

（标注：120毫米×185毫米）
（右侧数字栏：9 8 7 6 5 4 3 2 1 拾元 / 9 8 7 6 5 4 3 2 1 佰元 / 9 8 7 6 5 4 3 2 1 仟元）

4.【解】

(1)处理依据

车站误撕换车或因病中途下车旅客的车票时,应收回原票,换发代用票。

(2)计算原票票价

昆明—南京 3 078 km

硬座客票票价:129.00 元

(3)填制代用票

A 000000		柳州铁路局 ㊏ **代用票** 2011年6月28日乙(旅客)					

A 000000

事由	误撕					

原 客 票	种别	日期	2011年6月27日	座别	硬
		号码	E0306788	经由	柳、鹰、芜
		发站	昆明	票价	129.00
		到站	南京	记事	

自 昆明 站至 南京 站	经由 柳、鹰、芜
	全程 3 078 千米

加收	/	至	/	间	/	票价	/
补收	/	至	/	间	/	票价	/

限乘当日第 次列车	客票价	/
于 7 月 1 日到达有效	快票价	/

座别	人	数	卧票价	/
硬	全价	壹	手续费	/
	半价	#		/
	儿童	#	合计	/

记 事	

㊌ 段第 次列车列车长 印 印

柳州 站售票员 印

注 意 事 项	①核收票价与剪断线不符时,按无效处理(不足10元的除外,超过万元的保留最高额)。 ②撕角、补贴、涂改即做无效。

A 000000

(竖排:120毫米×185毫米)

拾元:9 8 7 6 5 4 3 2 1

佰元:9 8 7 6 5 4 3 2 1

仟元:9 8 7 6 5 4 3 2 1

5.【解】

(1)处理依据

未经站车同意,持用低等级的车票乘坐高等级列车、铺位、座席时,除补收所乘区段的票价差额,核收手续费外,还必须加收已乘区间应补票价50%的票款。应买票而未买票的儿童只补收儿童票价。

(2)票价计算

义乌—黎塘1 620 km

① 成人应补票款

新空车硬座客快速票价:194.00元

普通车硬座客快速票价:95.00元

补收新、普车票价差额:194.00－95.00＝99.00(元)

加收已乘区间应补票价50%的票款:99.00×50%＝49.50(元)

② 儿童应补票价

新空硬座客快速儿童票价:98.00元

③ 手续费

2×2.00＝4.00(元)

合计:99.00＋49.50＋98.00＋4.00＝250.50(元)

(3)填制客运杂费收据

6.【解】

(1)处理依据

发生误售、误购,应补收票价时,收回原票,换发代用票,补收票价差额,并应以最方便的列车将旅客运送至正当到站。

(2)票价计算

① 误购已收票价

金城江—湛江 614 km

新空硬座客快速票价:87.00 元

②正当票价

金城江—内江 1 141 km

新空硬座客快速票价:143.00 元

③ 应补票价差额

143.00 — 87.00＝56.00(元)

(3)填制代用票

7.【解】

(1)处理依据

符合减价优待条件的学生无票乘车时,除补收票款(含应补的半价票价及加收已乘区间应补票价 50%的票款和手续费)外,同时应在减价优待证上登记盖章,作为登记一次乘车次数。

(2)票价计算

北京—哈尔滨 1 249 km

① 应收票价

新空硬座半价票价:48.50 元

新空特快半价票价:18.00 元

新空空调半价票价:11.50 元

小计:78.00 元

② 加收已乘区间应补票价 50%的票款

哈尔滨—沈阳北 546 km

新空硬座客特快半价票价:39.00 元

加收票款:39.00×50%＝19.50(元)

③ 手续费

手续费:2.00 元。

合计:78.00＋19.50＋2.00＝99.50(元)

(3)填制代用票

A 000000	哈 尔 滨 铁 路 局	A 000000

代 用 票

2011 年 6 月 10 日 乙(旅客)

事由: 无票

原票	种 别	日 期	年 月 日	座 别	
		号 码		经 由	
		发 站		票 价	
		到 站		记 事	

自 哈尔滨 站至 北京 站	经由	
	全程 1 249 千米	
加收 哈尔滨 至 沈阳北 间 50% 票价	19.50
补收 ／ 至 ／ 间 ／ 票价	／
限乘当日第 T18 次列车	客票价	48.00
于当日月、当次 日到达有效	特快票价	18.00
座别	人	数	卧票价	／
硬	全价	壹	手续费	2.00
	半价	＃	空调费	11.50
	儿童	＃	合 计	99.50

记事 持有数学生证。(新)(学)

⊗ 哈 段第 T18 次列车列车长 (印)(印)
......站售票员 (印)

注意事项
①核收票价与剪断线不符时,按无效处理(不足 10 元的除外,超过万元的保留最高额)。
②撕角、补贴、涂改即做无效。

A 000000

120毫米×185毫米

右侧刻度栏:
拾元:9 8 7 6 5 4 3 2 1
佰元:9 8 7 6 5 4 3 2 1
仟元:9 8 7 6 5 4 3 2 1

A 000000

8.【解】

(1)处理依据

应买票而未买票的儿童只补收儿童票;身高超过 1.5 m 的儿童持用儿童票乘车时,应补收全价票价与儿童票价的差额,核收手续费。

(2)票价计算

茂名—贵港 264 km

全价新空折扣二档硬座客快票价:32.00 元

半价新空折扣二档硬座客快票价:17.00 元

补收全、半票价差:32.00—17.00＝15.00(元)

手续费:2.00 元

(3)填制客运杂费收据

9.【解】

(1)处理依据

旅客持减价票没有规定的减价凭证或不符合减价条件时,补收全价票价与减价票价的差额,核收手续费,并加收已乘区间应补票价50%的票款。

(2)票价计算

湛江—长沙 1 177 km

原票:半价硬座客快票价为 37.50 元

应收:全价硬座客快票价为 73.00 元

补收全半差:73.00－37.50＝35.50(元)

加收已乘区间应补票价50%的票价

湛江—玉林 175 km

硬座客普快全价:14.00 元,硬座客普快半价:7.50 元

加收票款:(14.00－7.50)×50%＝3.25≈3.30(元)

手续费:2.00 元

合计:35.50＋3.30＋2.00＝40.80(元)

(3)填制代用票

10.【解】

(1)处理依据

误售、误购、误乘或坐过了站的旅客,在免费送回区段不得中途下车。如中途下车时,对往返乘车的免费区段,按返程所乘列车等级分别核收往返区段的票价,核收一次手续费。

(2)票价计算

① 往程

鹿寨—衡阳 488 km

新空硬座客快票价:62.00 元

② 返程

衡阳—桂林 362 km

新空硬座客快票价:48.00 元

③ 手续费

手续费:2.00 元

合计:62.00+48.00+2.00=112.00(元)

3. 填制客运杂费收据

丙

南 宁 铁 路 局

客运运价杂费收据

2011 年 8 月 1 日 　　(报告用)

原票据	种　别	日期		月　日　时到达、通知、变更				
		号码		月　日　时　交　付				
		发站						
		到站		核收保管费				日
核　收　区　间				核　收　费　用		款　额		
				种别	件数	重量		
自_____站				鹿寨至衡阳新空硬座客快票价			62.00	
至_____站				衡阳至桂林新空硬座客快票价			48.00	
经由(　　　)				手续费			2.00	
座别　硬　人数　壹								
				合　　　计			112.00	
记事	误购,1627次免费送回,中途下车							

_____桂林_____站经办人_____印_____印

A 000000

150毫米×130毫米

11.【解】

(1)列车处理

① 处理依据

在列车上,旅客因伤病不能继续旅行时,列车长应编制客运记录交中途有医疗条件的车站,同行人同样办理。

② 列车长编制客运记录

乌鲁木齐铁路局　　　　　　　　　　客统—1

客 运 记 录

第　　010　　号

记录事由:*移交急病旅客*

金昌站:

8月18日我车张掖站开车后,旅客吴小龙突发急病,经列车广播找医生,医治未见好转,根据旅客及其同行人要求在前方停车站下车入院治疗,并要求退票。现编制记录移交你站,请按章处理。

附:乌鲁木齐—郑州的新空硬座客特快车票2张,票号A036088、A036089。

注:

1. 站、车需要编制记录时均适用。
2. 本记录不能作为乘车凭证。

乌鲁木齐 站段　编制人员 T198次列车长 (印)

站段　签收人员　　　　　　　 (印)

2011 年 8 月 18 日

(2)金昌站处理

① 处理依据

旅客开始旅行后不能退票。但因伤病不能继续旅行时,经站、车证实,可退还已收票价与已乘区段票价的差额,核收退票费。同行人同样办理。

② 票价计算

已收票价:乌鲁木齐—郑州 3 079 km　　　新空硬座客特快票价:316.00 元

已乘区间票价:乌鲁木齐—金昌 1 515 km　　新空硬座客特快票价:182.00 元

应退还票价差额:316.00－182.00＝134.00(元)　　二人应退票款:268.00 元

核收退票费:134.00×20%＝26.80≈27.00(元)　　二人退票费:54.00 元

净退:268.00－54.00＝214.00(元)

③填退票报销凭证

```
                    兰 州 铁 路 局
      ⊙        退票报销凭证      A 000000

      金昌站                    2011 年 8 月 18 日

      原    票      乌鲁木齐  站至  郑州  站
      已乘区间      乌鲁木齐  站至  金昌  站          80
      已乘区间                                        毫
      票    价             364 元   0   角            米
      退 票 费                     54 元              ×
                                                      60
      共    计      贰佰壹拾肆元   零   角            毫
                                                      米
      (无经办人名章无效) 注:计贰人      经办人 ×××印
```

12.【解】

(1)处理依据

空调列车因空调设备故障在运行过程中不能修复时,列车长应编制客运记录,交到站退还未使用区段的空调票价,不收退票费。

(2)票价计算

未使用空调区段:徐州—北京 814 km　　应退还新空空调票价:15.00 元

(3)填退票报销凭证

```
                    北 京 铁 路 局
      ⊙        退票报销凭证      A 000000

      北京站                    2011 年 10 月 8 日

      原    票      徐州     站至  北京  站
      已乘区间      徐州     站至  北京  站          80
      已乘区间                                        毫
      票    价             182 元   0   角            米
      退 票 费                     ／       元        ×
                                                      60
      共    计      壹佰捌拾贰元   零   角            毫
                                                      米
      (无经办人名章无效)         经办人 ×××印
```

13.【解】

(1)处理依据

旅客在中转(途)站或列车内,要求变更径路时,必须在通票有效期间内能够到达原到站方可办理。办理时,原票价低于变径后的票价时,应补收新旧径路里程的票价差额,核收手续费。

(2)票价计算

① 变径票价

原径路：桂林$\overset{南宁}{————}$昆明 1 259 km　　普通车硬座客快票价：78.00 元

新径路：桂林$\overset{龙里}{————}$昆明 1 434 km　　普通车硬座客快票价：86.00 元

补收变径票价差数：86.00－78.00＝8.00(元)

② 变列车等级票价

桂林$\overset{龙里}{————}$昆明 1 434 km　　新空硬座客快速票价：175.00 元

普通车硬座客快票价：86.00 元

补价票价：175.00－86.00＝89.00(元)

手续费：2.00 元

合计：8.00＋89.00＋2.00＝99.00(元)

(3)填制代用票

14.【解】

(1)处理依据

旅客要求变更座席、卧铺、列车等级时,由高等级变更为低等级不办理,由低等级变更为高等级(含通票旅客在中转站要求换乘动车组列车)应补收变更区段的票价差额,核收手续费。

该旅客要求变铺,同时越站;先越站后变铺,核收一次手续费。

(2)票价计算

(原票价:北京—长春 1 162 km,硬座票价 61.00 元,加快票价 12.00 元,硬卧下铺票价 86.00 元,计 159.00 元)

① 越站票价

长春—哈尔滨 246 km

硬座客票票价:17.00 元

普通加快票价:3.00 元

② 变座票价差额

北京—哈尔滨 1 408 km

软硬座票价差额:

139.00−72.00＝67.00(元)

③ 变铺票价差额

北京—哈尔滨 1 408 km

软卧下铺票价:143.00 元

北京—长春 1 162 km

硬卧下铺票价:86.00 元

软硬卧(下)票价差额:

143.00−86.00＝57.00(元)

④ 空调票价

北京—哈尔滨 1 408 km

空调票价:17.00 元

⑤ 手续费:2.00 元

合计:

17.00＋3.00＋67.00＋57.00＋

17.00＋2.00＝163.00(元)

(3)填制代用票

A 000000		哈尔滨铁路局 代 用 票	A 000000

2011 年 6 月 12 日乙(旅客)

事由:越站、变座、变铺、空调

原票	种别	日期	2011年6月12日	座别	硬
	客快卧(下)	号码	A000123	经由	津、锦、沈
		发站	北京	票价	159.00
		到站	长春	记事	壹人

自 北京 站至 哈尔滨 站	经由 津、锦、沈
	全程 1 408 千米

补收 长春 至 哈尔滨 间 越站 票价	20.00
补收 北京 至 哈尔滨 间软、硬卧票价差	124.00
限乘当日第 1439 次列车	客票票价
于当月 当次 日到达有效	快票价

座别	人 数	卧票价	
软	全价 壹	手续费	2.00
	半价 #	空调费	17.00
	儿童 #	合计	163.00

| 记事 | 原票收回,10年1号下 |

⊗ 哈尔滨段第 1439 次列车列车长 印〔印〕
站售票员 印〔印〕

注意事项:①核收票价与剪断线不符时,按无效处理(不足 10 元的除外,超过万元的保留最高额)。②撕角、补贴、涂改即做无效。 A 000000

120毫米×185毫米

拾元 9 8 7 6 5 4 3 2 1
佰元 9 8 7 6 5 4 3 2 1
仟元 9 8 7 6 5 4 3 2 1

15.【解】

(1)处理依据

每一旅客可免费携带 20 kg 物品,其携带物品 47 kg,超重 27 kg。对其超重的 27 kg 物品核收四类包裹运费。核收运费不能超过本次列车的始发和终点站。

(2)费用计算

玉林—长沙 1 002 km

携带品超重 27 kg,按四类包裹计费:1.751 元/kg×27 kg=47.277 元≈47.30 元

(3)填制客运杂费收据

丙

广 州 铁 路 局

客运运价杂费收据

2011年10月10日　　　　(报告用)

原票据	种　别	日期		月　日　时到达、通知、变更			
		号码		月　　日　　时　　交　　付			
		发站					
		到站		核收保管费　　　　　　　日			

核　收　区　间	核　收　费　用			款　　额
	种别	件数	重量	
自 ___玉林___ 站	四类包裹	1	27	47.30
至 ___长沙___ 站				
经由 (黎、衡)				
座别 ／ 人数 壹				
	合　　　计			47.30

记事：携带品超重

___长沙___ 站经办人　印　印

A 000000

150毫米×130毫米

16.【解】

(1)处理依据

在列车内或下车站发现旅客违章携带时,对不可分拆的整件超重物品,按该件全部重量补收四类包裹运费。

(2)费用计算

衡阳—石家庄 1 496 km

携带品 1 件重 25kg,按四类包裹运费计费。

补收 25 kg 四类包裹运费:25kg×2.373 元/kg ＝59.325 元≈59.30 元

(3)填制客运杂费收据

丙

北京 铁路局

客运运价杂费收据

2011年10月26日　　　　　(报告用)

原票据	种　别	日期		月　日　时到达、通知、变更			
		号码		月　日　时　交　　付			
		发站					
		到站		核收保管费　　　　　　日			

	核　收　区　间		核　收　费　用			款　　　额
			种别	件数	重量	
自 ___衡阳___ 站			四类包裹	1	25	59.30
至 ___石家庄___ 站						
经由(___)						
座别 ___／___ 人数 ___壹___						
			合　　　计			59.30

记事	携带品超重

___石家庄___ 站经办人　　___印___ 印

A 000000

150毫米×130毫米

17.【解】

（1）处理依据

旅客携带物品，超过免费重量时，其超重部分，应补收四类包裹运费。如旅客携带超重、超大的物品价值低于运费时，可按物品价值的 50% 核收运费。补收运费时，不得超过本次列车的始发和终点站。

（2）费用计算

西安—柳州 2 133 km

携带品超重 20 kg，按四类包裹计费。

20 kg 四类包裹运费：20 kg×3.207 元/kg ＝64.14 元≈64.10 元

20 kg 哈密瓜的价值：20 kg ×1.00 元/kg＝20.00 元

因为应补运费 64.10 元＞物品本身价值 20.00 元

可按 20.00 元×50%＝10.00 元核收运费。

（3）填制客运杂费收据

丙

南宁铁路局

客运运价杂费收据

2011年8月1日　　　　（报告用）

原票据	种别	日期		月 日 时到达、通知、变更		
		号码		月 日 时 交 付		
		发站				
		到站		核收保管费		日

核 收 区 间	核 收 费 用			款 额
	种别	件数	重量	
自 西安 站	四类包裹	1	20	10.00
至 柳州 站				
经由（郑、衡　）				
座别 ／ 人数 壹				
	合 计			10.00

记事　低值品，按 20 kg 哈密瓜本身价值的 50% 核收

柳州 站经办人 印 印

A 000000

150毫米×130毫米

18.【解】

(1)处理依据

该旅客携带不可分拆物品长、宽、高之和为 70＋50＋60＝180(cm)，大于 160 cm，按该件全部重量核收四类包裹运费。

(2)费用计算

柳州—郑州 1 622 km

20 kg 四类包裹运费:2.585 元/kg×20kg＝51.70 元

(3)填制客运杂费收据

丙

郑 州 铁 路 局

客运运价杂费收据

2011年10月11日   (报告用)

原票据	种　别	日期		月　日　时到达、通知、变更			
		号码					
		发站		月　　日　　时　交　　　付			
		到站		核收保管费　　　　　　　日			

核　收　区　间		核　收　费　用			款　　　额
		种别	件数	重量	
自　　柳州　　站		四类包裹	1	20	51.70
至　　郑州　　站					
经由(　　衡　　)					
座别　/　人数　壹					
		合　　　计			51.70

| 记事 | 携带品超大 |

郑州　站经办人　印　印

150毫米×130毫米

A 000000

19.【解】

(1)处理依据

在列车内或下车站发现旅客违章携带动物(含猫、狗、猴等宠物)时,应按该件全部重量补收四类包裹运费。

(2)费用计算

西安—兰州 676 km

携带品1件(宠物狗2只)重8 kg,按四类包裹运费计费。

补收8 kg四类包裹运费:8 kg×1.180 元/kg ＝9.44 元≈9.40 元

(3)填制客运杂费收据

丙

兰州　铁路局

客运运价杂费收据

2011年10月26日　　　　(报告用)

原票据	种别	日期		月 日 时到达、通知、变更		
		号码				
		发站		月 日 时 交 付		
		到站		核收保管费　　　　　　日		
核 收 区 间				核 收 费 用		款　　额
				种别	件数	重量	
自　西安　站				四类包裹	1	8	9.40
至　兰州　站							
经由(　　　　)							
座别　／　人数　壹							
				合　　计			9.40
记事	携带动物						

兰州　站经办人　印　印

150毫米×130毫米

A 000000

20.【解】

(1)处理依据

在下车站,发现旅客违章携带危险品时,应按该件全部重量加倍补收乘车站至下车站四类包裹运费。必要时把危险品移交公安部门处理。没收危险品时,应向被没收人出具书面证明。

(2)费用计算

贵阳—陆川 924 km

加倍补收 10 kg 四类包裹运费:(10 kg×1.622 元/kg)×2 ＝32.44 元≈32.40 元

(3)填制客运杂费收据

丙

南 宁 铁 路 局

客运运价杂费收据

2011 年 11 月 13 日　　　　(报告用)

150 毫米 × 130 毫米

原票据	种别	日期		月　日　时到达、通知、变更			
		号码		月　　日　　时　交　　付			
		发站		核收保管费			日
		到站					

核　收　区　间		核 收 费 用			款　　额
		种别	件数	重量	
自＿＿贵阳＿＿站		四类包裹	1	10	32.40
至＿＿陆川＿＿站					
经由(　柳、黎　)					
座别＿／＿人数＿壹＿		合　　　计			32.40

记事	携带纸箱内装10 kg酒精——属危险品,加倍补收四类包裹运费

＿＿陆川＿＿站经办人　　印　　印

A 000000

第三章　参 考 答 案

一、填 空 题

1. 25　　8.00
2. 行李　　包裹　行李
3. 行李票　　包裹票
4. 50　　0.01　　0.6　　3　　1.5　1.8
5. 0.5%　　1%　　0.5%
6. 20　　100
7. 二　　三　　四　　一
8. 三　　二　　三　　二　　一　　四
9. 5　　6
10. 实际运送区段　　四类包裹
11. 托运
12. 客票　　托运单
13. 20　　50　　感光材料　　油样箱　　活动物　　2
14. 50
15. 所收运费　　30%
16. 25　　31
17. 旅客自用
18. 动、植物检疫部门
19. 不补不退
20. 派人押运
21. 10 d 以内
22. 发出通知日起
23. 误售、误购客票
24. 超重部分
25. 实际径路计算
26. 三类包裹运价率
27. 《行李包裹运价表》
28. 零星支农物资
29. 食品
30. 《危险货物品名表》
31. 单独检斤
32. 押运人×名
33. 押运人自行看管
34. 车型、新或旧

二、判 断 题

1. √   2. ×   3. ×   4. √   5. ×   6. ×   7. √   8. ×   9. ×   10. √   11. √   12. √
13. √   14. ×   15. ×   16. √   17. √   18. ×   19. √   20. √   21. √   22. ×   23. √   24. ×
25. √   26. √   27. ×   28. ×   29. ×   30. √   31. ×   32. √   33. ×   34. √

三、选 择 题

1. A   2. B   3. A   4. B   5. B   6. C   7. B   8. B   9. B   10. A   11. C   12. B   13. A
14. A   15. A   16. C   17. B   18. B   19. B   20. B   21. A   22. A   23. C   24. A   25. C
26. C   27. A   28. B   29. C   30. B   31. B   32. A

四、简 答 题

1.【答】

行李、包裹运输合同自承运人接收行李、包裹并填写行李票、包裹票时起成立,至行李、包裹运至到站、到达地或托运人指定地点交付收货人止为履行完毕。

2.【答】

凭客票托运的旅客日常生活必需品等。

3.【答】

由客运列车行李车运送的小件货物。

4.【答】

在铁路现有技术设备条件和运输组织水平下,将行李、包裹运到一定距离所需要的时间。

5.【答】

必须认真检查核对下列项目:

(1)物品名称、件数是否与托运单记载相符,物品状态是否完好,有否夹带危险品及国家禁止或限制运输物品。

(2)包装是否符合运输要求。

(3)货签、安全标志是否齐全,填写是否正确。

6.【答】

按承诺的运到期限或以铁路客运运价里程计算。从承运次日起,国内主要城市间有直达旅客列车运送的快运包裹为 3 d,3 500 km 以上为 4 d;其他城市间需中转运送的快运包裹 1 000 km 以内为 3 d,超过 1 000 km 时,每增加 800 km 增加 1 d,不足 800 km 按 1 d 计算。

7.【答】

按照先行李后包裹,先中转后始发,先重点后一般和长短列车分工的原则,及时、安全、准确、合理、均衡地组织运输。

8.【答】

对伪报一般品名的,在发站,应补收已收运费与正当运费的差额;在到站,补收应收运费与已收运费差额两倍的运费。

9.【答】

应停止运送,发电报通知发站转告托运人领取,运费不退,并对品名不符的货件,按实际运送区段补收四类包裹运费。另根据保管日数,核收保管费。

五、综 合 题

1.【解】

柳州—绵阳行李运输径路如下图所示：

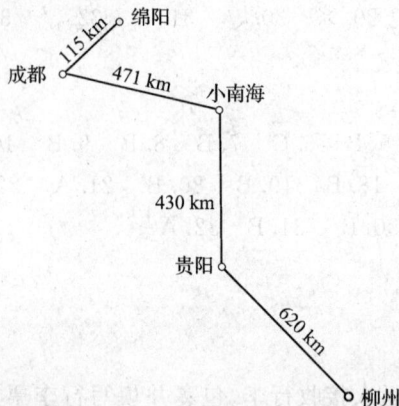

(1)处理依据

托运行李至客票到站以远的车站时,应分别按照行李和包裹运价计算,加总核收,并按行李计算运到期限和保价费;托运行李在 50 kg 之内,按行李运价计算,超过 50 kg 时,对超过部分按行李运价加倍计算。

(2)费用计算

① 运费

行李段里程:柳州—成都 1 521 km

查运价表:行李运价 0.724 元/kg

62 kg 行李运费:0.724×50 ＋ 0.724×12×2＝36.20 ＋ 17.376＝53.576≈53.60(元)

包裹段里程:成都—绵阳 115 km

查运价表:三类包裹运价 0.167 元/kg

62 kg 三类包裹运费:0.167×62＝10.354≈10.40(元)

运费合计:53.60＋10.40＝64.00(元)

② 保价费

(840＋780)×0.5%＝8.10(元)

③ 杂费

装车费:2.00 元/件次×2 件次＝4.00 元

货签费:0.25 元/个×4 个＝1.00 元

杂费合计:4.00＋1.00＝5.00(元)

费用合计:64.00＋8.10＋5.00＝77.10(元)

(3)运到期限

$T_{运期}＝3＋(1521＋115－600)/600＝4.73≈5(d)$

(4)填制行李票

| | 中铁快运股份有限公司 | 甲 |
| A 000000 | **行 李 票** | (报告) |

2011 年 10 月 15 日

到 ___绵阳___ 站 经由 ___小、成___ 站

旅客乘坐10月 15 日 K142次车 客票号 E0010028

| 旅客姓名 | 王兵 | 共 1 人 | 电 话: |
| 住 址 | 柳州市江滨路78号 | 邮政编码: | |

顺号	包装种类	件数	实际重量	声明价格	运价里程	1 636 千米
					运到期限	5 日
1	皮箱	1	28	840.00	计重费量 规重	50 千克
2	旅行包	1	34	780.00	超重	12 千克
					运费	64.00 元
					保价费	8.10 元
					杂费	5.00 元
					合 计	77.10 元
					月 日 次列车到达	
合 计		2	62	1 620.00	月 日 交 付	

记事 旅客客票到站为成都站;杂费明细:装车费4.00元,
货签费1.00元

___柳州___ 营业部经办人 ×× 印

X0000000000000000000000000   (宁分)行李票号码:A000000

2.【解】

1628 次柳州—长沙行李运输径路如下图所示：

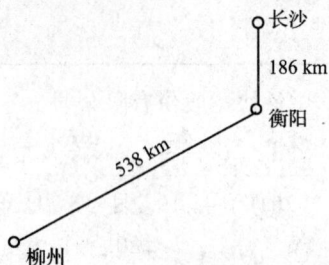

（1）处理依据

旅客凭有效客票可以托运一次行李，行李重量在 50 kg 之内，按行李运价计算；超过 50 kg 时，对超过部分按行李运价加倍计算。

（2）费用计算

① 运费

运价里程：柳州—长沙 724 km

查运价表：行李运价 0.379 元/kg

63 kg 行李运费：$0.379 \times 50 + 0.379 \times 13 \times 2 = 18.95 + 9.854 = 28.804 \approx 28.80$（元）

② 保价费

$(860.00 + 520.00) \times 0.5\% = 6.90$（元）

③ 杂费

装车费：2.00 元/件次×2 件次＝4.00 元

货签费：0.25 元/个×4 个＝1.00 元

杂费合计：4.00＋1.00＝5.00（元）

费用合计：28.80＋6.90＋5.00＝40.70（元）

（3）运到期限

$T_{运期} = 3 + (724 - 600)/600 = 3 + 0.206\,7 = 3.206\,7 \approx 4$（d）

（4）填制行李票

中铁快运股份有限公司

A 000000

行 李 票

甲
(报告)

2011 年 10 月 15 日

到 ____长沙____ 站　　　经由 ____衡____ 站

旅客乘坐10月 15 日1628次车　客票号　A0001234

| 旅客姓名 | | 黄元 | | 共 1 人电 | 话： | | | |
| 住　址 | | 柳州市飞鹅路10号 | | | 邮政编码： | | | |

顺号	包装种类	件数	实际重量	声明价格	运价里程		724 千米
					运到期限		4 日
1	皮箱	1	38	860.00	计重费量	规重	50 千克
2	纸箱	1	25	520.00		超重	13 千克
					运费		28.80 元
					保价费		6.90 元
					杂费		5.00 元
					合　计		40.70 元
					月　日 次列车到达		
合　计		2	63	1 380.00	月　日交　付		

记
事

杂费明细：装车费4.00元，货签费1.00元

____柳州____ 营业部经办人 ____××____ 印

X000000000000000000000000

（宁分）行李票号码:A000000

3.【解】

柳州—石家庄包裹运输径路如下图所示：

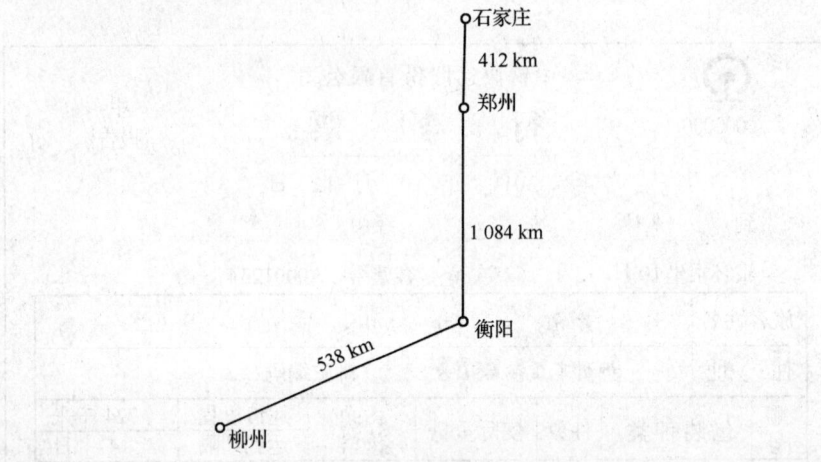

（1）处理依据

香蕉属于二类包裹，板栗属于三类包裹，类别不同的包裹混装为一件时，按其中运价高的计算。

（2）费用计算

运价里程：柳州—石家庄 2 034 km

查运价表：三类包裹运价 2.360 元/kg

33 kg 三类包裹运费：2.360×33＝77.88≈77.90（元）

② 保价费

100.00×1%＝1.00（元）

③ 杂费

装车费：2.00 元/件次×1 件次＝2.00 元

货签费：0.25 元/个×2 个＝0.50 元

杂费合计：2.00＋0.50＝2.50（元）

费用合计：77.90＋1.00＋2.50＝81.40（元）

（3）运到期限

$T_{运期}＝3＋(2034－400)/400＝7.085≈8(d)$

（4）填制包裹票

中铁快运股份有限公司

包 裹 票

甲
(报告)

A 000000

2011年 10 月 15 日

到 _石家庄_ 站　　　　经由 _衡阳_ 站

托运人	单位姓名: 吴大刚					电 话:	
	详细地址: 柳州市柳石路85号					邮政编码:	
收货人	单位姓名: 张小刚					电 话:	
	详细地址: 石家庄市华西路58号					邮政编码:	

顺号	品　名	包装种类	件数	实际重量	声明价格		
						运价里程	2 034 千米
						运到期限	8 日
1	香蕉、板栗	木箱	1	33	100.00	计费重量	33 千克
						运　费	77.90 元
						保价费	1.00 元
						杂　费	2.50 元
						合　计	81.40 元
						月 日 次列车到达	
						月 日 时 通 知	
合　计			1	33	100.00	月 日 交 付	

记
事

杂费明细：装车费2.00元，货签费0.50元

_柳州_ 营业部经办人 _×× 印_

B000000000000000000000

（宁分）包裹票号码:A000000

4.【解】

K157 次北京西—柳州的运输径路如下图所示：

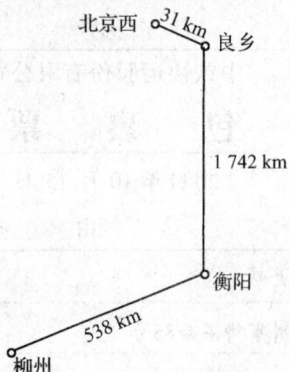

(1)处理依据

行包应在规定的运到期限内运至到站。如实际运到日数超过规定的运到期限时,到站应按所收运费的百分比(最高额不能超过运费的 30%),向旅客或收货人支付运到逾期违约金。

(2)费用计算

① 运费

北京西—柳州 2 311 km

查运价表:三类包裹运价 2.679 元/kg

281 kg 三类包裹运费:$2.679 \times 281 = 752.799 \approx 752.80$(元)

② 逾期违约金

运到期限:$3 + (2\,311 - 400)/400 = 3 + 4.777\,5 \approx 8$(d)

逾期天数:4 d

$$\psi = \frac{d_{逾期}}{d_{运期}} \times 30\% = \frac{4}{8} \times 30\% = 15\%$$

$C = F \times \psi = 752.80 \times 15\% = 112.92 \approx 112.90$(元)

(3)填制退款证明书

中华人民共和国铁道部　　　　　　　　车 站 退 款 证 明 书　　　　　　　　财收—16

南宁铁 路 局　　　　　　　　　　　　　　　　　　　　　　　　编号A　NO:032145

填发日期 2011 年 10 月 11 日

票据种类	票据号码	填发日期	发站	到站	单位	名称及地址			甲联：（车站存查
包裹	A018699	2011年10月1日	北京西	柳州		柳州市东风商场			
						开户银行及账号			

原记载	品名	件数	包装	实重	计重	运价号	运价率	运费	违约金		合计
	棉皮鞋	16	纸箱	281 kg	281 kg	三类	2.679	752.80			752.80
订正											

记事: 包裹逾期运到,逾期4天,按运费15%的比例支付逾期违约金	应补收	/	/	/	/
	应退还		112.90		112.90
	净退(大写)	壹佰壹拾贰元玖角整			
	上述退款已于	10月11日以 现金/支票 如数退讫			
	丙联已随 10 月 中旬	财收8报局收入稽查中心。			
	经办人:				

填发单位　柳州站　　　　（公章）　　　　　填发人　××　　　　付款人×××

第四章 参考答案

一、填空题

1. 流量　　流程　　流向
2. 客流计划　　技术计划　　日常计划
3. 直通客流　　管内客流
4. 综合　　节假日　　日常
5. 1、2、3、4、5　　6、7
6. 动车组　　200～250
7. 列车种类　　列车等级　　列车去向
8. 垂直平分线法
9. 波动系数　　回运系数
10. 管内
11. 直通速度系数
12. $Y_计 = Y(1+\beta)$
13. $I_客 = T_占 / n_{到发} = (t_到 + t_停 + t_发) / n_{到发}$
14. 按流开车
15. 车底出发箭头　　垂线与车底线的交点
16. $S_{车底} = 2L_客 / \theta_{车底}$
17. 最大值
18. 人公里数
19. 旅客周转量
20. 旅客运送人数

二、判断题

1. √　2. ×　3. ×　4. ×　5. √　6. ×　7. ×　8. ×　9. ×　10. √　11. √　12. √
13. ×　14. √　15. ×　16. ×　17. ×　18. √　19. ×　20. √　21. √　22. ×　23. √
24. ×　25. √　26. ×　27. ×　28. ×　29. ×　30. √　31. √　32. ×　33. √　34. ×
35. ×　36. ×　37. ×　38. √　39. ×　40. √

三、选择题

1. B　2. C　3. C　4. B　5. C　6. B　7. C　8. C　9. C　10. A　11. B　12. C　13. B
14. C　15. A　16. B　17. C　18. A　19. A　20. A　21. C　22. A　23. A　24. B　25. B
26. B　27. A　28. C　29. A　30. B　31. C　32. C　33. A　34. B　35. A　36. B　37. A
38. A　39. C　40. B

四、简答题

1.【答】

G"高"、C"城"、D"动"、Z"直"、T"特"、K"快"、L"临"、Y"游"、F"返"。

2.【答】

旅客周转量是指在一定时间内,铁路局或全路所完成的人公里数。

3.【答】

客运密度是指一定时间内,某一区段、铁路局或全路平均每公里线路上所承担的旅客周转量。

4.【答】

其划分依据如下:

(1)大量客流产生和消失的车站。

(2)衔接几个方面的客运枢纽站。

(3)铁路局间的分界站。

5.【答】

旅客在一定时间和空间范围内作有目的的位置移动,便形成了客流。

它由流量、流程、流向三要素所组成。

6.【答】

旅客列车运行区段确定的依据如下:

(1)选择客流发生显著变化的地点。

(2)注意所在站政治、经济、文化地位。

(3)考虑车站技术设备条件。

7.【答】

车底周转时间是指自始发站出发时起至下次再由始发站出发时止,车底所经过的时间。

8.【答】

旅客列车直通速度是指旅客列车在车底配属站和折返站之间平均每小时所运行的公里数。

9.【答】

旅客运输技术计划是保证质量良好地完成旅客运输任务,合理使用机车车辆和其他各种技术设备的具体生产计划。

10.【答】

旅客周转量运行指标能较全面地反映铁路旅客运输的情况,同时,也是各铁路局间分配客运收入,计算和分析运输成本和劳动生产率的依据。

11.【答】

直接吸引区是指车站所在地及其附近地区被车站直接吸引的城市和居民点的总区域。这个区域可用垂直平分线法划出大致范围。

12.【答】

间接吸引区是指车站直接吸引范围以外,由其他交通工具的联系而被间接吸引的较远地区的城市和居民点的总体区域。一般按最短通路原则划定。

13.【答】

管内客流图是指由一个铁路局各管内客流区段产生在本铁路局管内各客流区段消失的客流图解。

五、综 合 题

1.【解】

甲—戊区段　5 911 人

乙—戊区段　8 381－5 911＝2 470(人)

丙—丁区段　9 691－8 381＝1 310(人)

2.【解】

$A_发＝400＋300＝700(万人)$

$A_运＝400＋300＋200＋250＝1 150(万人)$

$\sum AL＝400×200＋300×300＋200×400＋250×250＝312 500(万人 \cdot km)$

$L_{平均}＝312 500/1 150＝271.739≈271.74(km)$

$\varepsilon_客＝312 500/1 400＝223.214≈223.21(万人 \cdot km/km)$

3.【解】

(1)车底组数

$$T_{车底}＝(2×2 325)/75＋6＋4＝72(h)$$

$$\theta_{车底}＝72/24＝3(d)$$

$$n_{车底}＝\theta×k＝3×1＝3(组)$$

(2)合理开车时限

$$t_1＝7～(23－7)＝7～16$$

$$t_2＝(24－7＋7)～24＝24$$

(3)保证车底数量最少 3 组条件下的发车时限

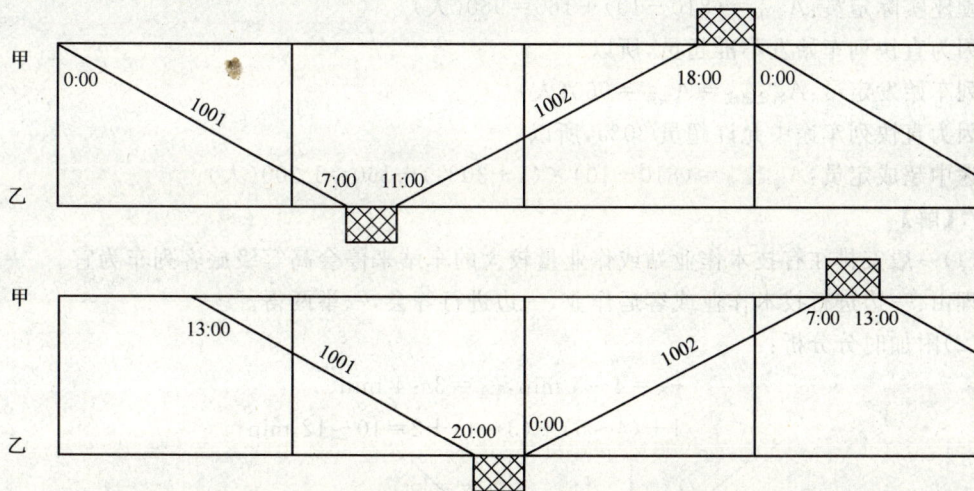

从图上可以看出:甲站开车时限为 0:00 或 13:00;乙站开车时限为 0:00 或 11:00。

4.【解】

(1)车底从配属站至折返站的单程运行时间:$t_1＝(24－17)＋10＝17(h)$

车底在折返站的停留时间：$t_2 = 14 - 10 = 4$(h)

车底从折返站至配属站的单程运行时间：$t_3 = (24 - 14) + 7 = 17$(h)

车底在折返站的停留时间：$t_4 = 17 - 7 = 10$(h)

车底周转时间：$T_{车底} = t_1 + t_2 + t_3 + t_4 = 17 + 4 + 17 + 10 = 48$(h)

车底周转天数：$\theta_{车底} = 48/24 = 2$(d)

一周期内所需要车底数：$n_{车底} = \theta \times k = 2 \times 1 = 2$(组)

(2)车底日车公里：$S_{车底} = \dfrac{1\,462 \times 2}{2} = 1\,462$(km/车底·d)

5.【解】

(1)图解法

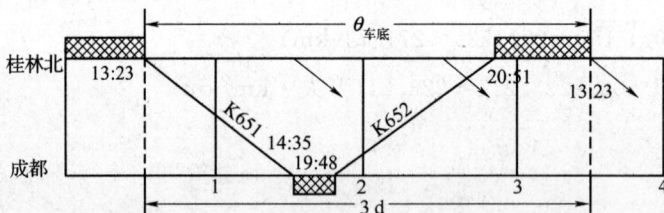

从图上可看出需3组车底。

(2)分析法

车底周转时间：$T_{车底} = 25\ \text{h}\ 12\ \text{min} + 5\ \text{h}\ 13\ \text{min} + 25\ \text{h}\ 3\ \text{min} + 16\ \text{h}\ 32\ \text{min} = 72$(h)

车底周转天数：$\theta_{车底} = 72/24 = 3$(d)

因为 $k = 1$，所以 $n_{车底} = 3 \times 1 = 3$(组)。

6.【解】

硬座标记定员：$A_{标记} = 116 \times 5 + 108 \times 1 + 122 \times 1 + \dfrac{60}{3} \times 4 \times 2 = 810 + 160 = 970$(人)

硬座实际定员：$A_{实际} = (810 - 10) + 160 = 960$(人)

因为直快列车始发不准超员，所以

列车始发定员：$A_{始发超成} = A_{实际} = 960$(人)

因为直快列车途中允许超员30%，所以

途中超成定员：$A_{途中超成} = (810 - 10) \times (1 + 30\%) + 160 = 1\,200$(人)

7.【解】

(1)一般安排在有技术作业站或作业量较大的车站来停会高等级旅客列车为宜。

理由：一边进行技术作业或客运作业，一边进行等会，一举两得。

(2)附加时分分析：

$$\tau_不 = 4 \sim 5\ \text{min}, \quad \tau_会 = 3 \sim 4\ \text{min}$$

$$1 + (4 \sim 5) + (3 \sim 4) + 2 = 10 \sim 12\ \text{min}$$

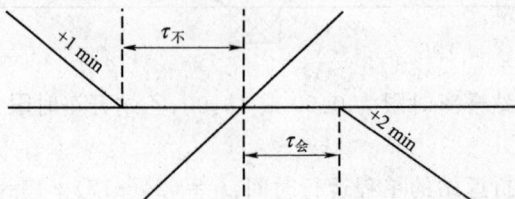

8.【解】

(1)一般应安排在有技术站作业或客运量较大的车站以及相邻区间 $t_运$ 最小的车站来待避高等级旅客列车为宜。

理由:①一边进行技术作业或客运作业,一边进行待避,一举两得;

②相邻区间 $t_运$ 最小的车站来待避,可缩短 $t_{待避}$。

(2)附加时分分析:

$L_连 = 3\sim4$ min

$t'、t'' = 10\sim15$ min

$t_{待避} = 1 + (3\sim4) + (10\sim15) + (10\sim15) + (3\sim4) + 2 \approx 30\sim40$ min

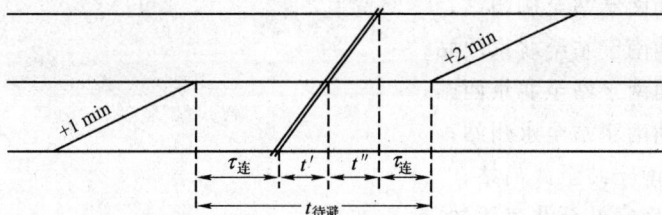

9.【解】

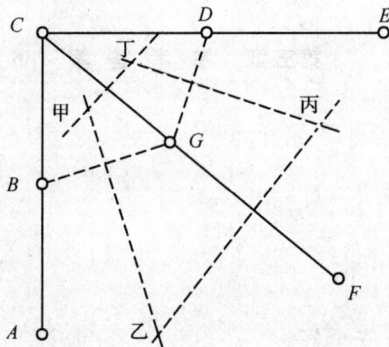

10.【解】

(1)各个车次的兑现率

T5 次:$\gamma = \dfrac{A_{实际}}{A_{计划}} \times 100\% = \dfrac{110}{120} \times 100\% = 91.667\% \approx 91.7\%$

T6 次:$\gamma = \left(1 - \dfrac{A_{实际} - A_{计划}}{A_{计划}}\right) \times 100\% = \left(1 - \dfrac{150 - 130}{130}\right) \times 100\% = 84.615\% \approx 84.6\%$

K79 次:$\gamma = \dfrac{A_{实际}}{A_{计划}} \times 100\% = \dfrac{95}{95} \times 100\% = 100\%$

K80 次:$\gamma = \left(1 - \dfrac{A_{实际} - A_{计划}}{A_{计划}}\right) \times 100\% = \left(1 - \dfrac{95 - 85}{85}\right) \times 100\% = 88.235\% \approx 88.2\%$

4405 次:$\gamma = \dfrac{A_{实际}}{A_{计划}} \times 100\% = \dfrac{195}{212} \times 100\% = 91.981\% \approx 92.0\%$

4406 次:$\gamma = \left(1 - \dfrac{A_{实际} - A_{计划}}{A_{计划}}\right) \times 100\% = \left(1 - \dfrac{310 - 225}{225}\right) \times 100\% = 62.222\% \approx 62.2\%$

(2)日计划兑现率

$$\alpha = \frac{\sum \gamma}{N} = \frac{91.7\% + 84.6\% + 100\% + 88.2\% + 92.0\% + 62.2\%}{6} \approx 86.5\%$$

11.【解】

(1)8 车 1 号下铺、3 号下铺、22 号上铺、27 号下铺、28 号上铺、35 号下铺。

9 车 8 号上铺、8 号中铺、10 号上铺、11 号上铺、12 号中铺、12 号下铺。

(2)8 车 2 号上铺南宁站至北京西站;

8 车 4 号上铺南宁站至北京西站;

8 车 8 号上铺南宁站至桂林站;

8 车 10 号上铺南宁站至柳州站;

8 车 16 号上铺南宁站至柳州站;

8 车 23 号下铺南宁站至北京西站;

8 车 24 号上铺南宁站至北京西站;

8 车 26 号上铺南宁站至永州站;

9 车 7 号中铺南宁站至武昌站;

9 车 9 号上铺南宁站至北京西站;

9 车 19 号中铺南宁站至柳州站。

第五章　参　考　答　案

一、填 空 题

1. 座席　　卧

2. 车底组数　　库线

3. 扩编

4. 速度快　　高密度　　安全好

5. 进枢纽主客站　　进枢纽卫星站　　从平行径路上绕行

二、判 断 题

1. √　2. √　3. ×　4. ×　5. √　6. ×　7. ×　8. ×　9. √　10. ×

三、选 择 题

1. B　2. A　3. B　4. B　5. B

四、简 答 题

1.【答】

组织车底套用,组织车底立折,组织加挂回转车辆。

2.【答】

车底立折是指在列车运行图中规定旅客列车在折返站的停留时间在 3 h 以内,车底在折返站不进库,只在站线上进行有关作业立即折返的形式。

3.【答】

(1)提高车底利用率,节省车底需要数。

(2)提高了咽喉道岔的通过能力。

(3)节省了客车整备所线路的数量。

4.【答】

(1)满足立折的必要时间(一般需要 2～2.5 h)。

(2)到发线要有后备能力。

(3)具有立折作业的设施。

5.【答】

(1)始发站与途中站回转。

(2)途中站与终到站回转。

(3)途中站与途中站回转。

6.【答】

夕发朝至旅客列车是指运输距离在 1 200～1 500 km 范围内,旅行时间在 12 h 左右,16:00～23:00 之间发车,次日 6:00～11:00 之间到达终到站的列车。

7.【答】

(1)实行点对点运输,中途一站不停,列车始发后直达。

(2)实行单司机值乘,长途直达特快司机在随乘中换班,不需换挂机车和更换机车乘务组。

(3)实行机车直接向客车供电,列车编组取消了发电车,扩大了运能。

(4)取消运转车长。

(5)乘务员实行每节车厢单人值乘。

8.【答】

(1)扩大直达运输,减轻枢纽压力。

(2)节省车底组数,降低运输成本。

(3)客车开行布局更趋合理优化。

(4)加快行包送达,减少中转作业。

第六章 参 考 答 案

一、填 空 题

1. 站房　　站场　　站前广场

2. 承运　　保管　　装车作业

3. 卸车　　仓库保管　　交付

4. 包乘制　　轮乘制

5. 客运　　公安乘警　　车辆

6. 客运服务作业　　客运作业　　技术作业

7. 进站　　出站

8. 旅客流线　　行包流线　　车辆流线

9. 各种流线的分隔

10. 166.7

11. 通用　　专用

12. 快速中转　　落地中转

二、判 断 题

1. ×　2. ×　3. ×　4. √　5. ×　6. √　7. √　8. ×　9. ×　10. ×

三、选 择 题

1. A　2. B　3. A　4. C　5. B　6. B

四、简 答 题

1.【答】

客运站主要任务如下:

(1)便利办理旅行手续。

(2)提供舒适候车条件。

(3)有序组织旅客乘降。

(4)保证旅客快速疏解。

2.【答】

在客运站内旅客、行包、车辆等因作业需要,所产生的流动过程,即形成客运站流线。

3.【答】

(1)不同流线,各行其道,防止干扰。

(2)旅客流动,短顺便捷,避免迂回。

4.【答】

(1)平面型错开——右进左出。

(2)空间型错开——高进低出。

(3)混合型错开——左右分开,高进低出。

5.【答】

售票处主要有车站售票处、市内售票所、代理售票点、临时售票点和流动售票车。

6.【答】

客运站跨线设备是指站房与站台之间或站台与站台之间来往的通道。

其形式有天桥、地道、平过道三种。

7.【答】

一问:问清旅客购票情况。

二输:输入旅客购票要求。

三收:收取票款。

四取:取出打印好的电子票并取出找零款。

五交:将电子票、找零款交给旅客。

六清:清理票款,按键复原。

8.【答】

行包中转作业是指行包在中转站由一列车卸下,装入另一列车继续运送的作业。其作业内容,前半部与到达行包的卸车作业相同,后半部与始发行包的装车作业类似。

9.【答】

旅客众多,要求不一,服务标准高;

环境狭窄,设备限制,作业难度大;

运行状态,时间严格,工作节奏快;

远离领导,独立工作,处理问题难。

10.【答】

旅客列车乘务按列车行驶区段和车次,由固定车班值乘的形式,即为包乘制。包乘制可细分为包车底制和包车次制。

11.【答】

在行程短,旅客列车密度大的区段,为紧凑组织乘务交路,采用不固定车次的轮流值乘形式,即为轮乘制。

五、综 合 题

1.【解】

$$月工时 = \frac{365 - (52 \times 2) - 11}{12} \times 8 = 166.7(h)$$

2.【解】

$$T_{\text{实际}}^{\text{往返}} = t_{\text{值乘}} + \sum t_{\text{出退勤}} + \sum t_{\text{双班}} + \sum t_{\text{清扫}} + t_{\text{看车}} \quad (h)$$

3.【解】

$$看车工时 = \frac{(列车停留时间 - 出退勤时间 - 库内清扫时间) \times 看车人数}{全班人数} \quad (h)$$

第七章 参 考 答 案

一、填 空 题

1. 自然灾害　　旅客责任　　铁路过失　　其他原因
2. 国务院 501 号令与铁道部 12 号令　　(51)财经总(财)字 57 号令
3. 死亡　　重伤　　轻伤
4. 不超过 200 元(含 200 元)
5. 第三人
6. 一批　　一件　　损失款额的总和
7. 有效,票价不补不退　　旅客车票办理签证手续　　变径
8. 客运主任(中间站长)　　客运值班员　　公安人员
9. 客运　　有医疗条件的三等以上　　指派专人下车　　3
10. 客观　　关联　　合法

二、判 断 题

1. √　2. √　3. ×　4. √　5. √　6. ×　7. ×　8. √　9. ×　10. ×　11. ×　12. ×
13. ×　14. ×　15. ×　16. √　17. ×　18. ×　19. ×　20. ×　21. ×

三、选 择 题

1. B　2. A　3. B　4. A，A　5. B，B　6. C　7. C　8. C

四、简 答 题

1.【答】

立即停车、疏散旅客、迅速扑救、切断火源、设置防护、报告救援、抢救伤员、保护现场、协助查访、认真取证。

2.【答】

(1)列车撞车、颠覆、脱轨、坠河。

(2)列车发生火灾、爆炸。

(3)线路中断(含自然灾害、行车事故等)。

3.【答】

轻伤系指局部轻微创伤,伤害程度不及重伤者。

重伤应参照司法部《人体重伤鉴定标准》具有下列情况之一者即为重伤:

(1)肢体残疾。

(2)容貌毁损。

(3)视、听觉丧失。

(4)其他器官功能丧失。

4.【答】

因为铁路旅客意外伤害保险具有以下三个特征:

(1)参保没商量。

(2)保费不明示。

(3)投保无单据。

根据上述特征可看出此保险是强制性的,不是以旅客意志为转移的。

五、综 合 题

1.【解题要点】

(1)该伤害事故的责任划分,应属于第三人责任。

(2)受伤害的旅客要求铁路先予赔偿的,铁路应给予支持,先行赔付,因为旅客是弱势群体,而铁路是强势集团,应执行代位赔付。

(3)铁路应按法院判决的赔偿额度赔付,如法院判决的赔偿额度较高,有异议时,可提出上诉。

(4)铁路赔付后即可取得向有关责任者——第三者追偿的权力。

(5)铁路有过错的,应当在能够防止或制止损害的范围内承担相应补充赔偿责任。

2.【解】

线路中断后,在停止旅行站(或中途站)退票时,退还已收票价与发站至停止旅行站间票价的差额,发站至停止旅行站不足起码里程按起码里程计算(如系铁路责任时退还全部票价)。

在中途站领取行、包时,收回行、包票,退还已收运费与发站至领取站间运费差额(发站至领取站间不足起码里程按起码里程计算)。

(1)处理

在西安站退还柳州—兰州与柳州—西安的硬座客快票价差额及运费差额。

(2)退还票价差额

① 已收票价

柳州—兰州 2 809 km

硬座客快票价:143.00 元

② 已乘区间票价

柳州—西安 2 133 km

硬座客快票价:116.00 元

退还票价差额:143.00－116.00＝27.00(元)

(3)退还运费差额

已收 50 kg 行李运费:1.153×50＝57.65＝57.70(元)

应收 50 kg 行李运费:0.93×50＝46.50(元)

退还行李运费差额　57.70－46.50＝11.20(元)

3.【解】

线路中断后,在停止旅行站(或中途站)退票时,退还已收票价与发站至停止旅行站间票价的差额,发站至停止旅行站不足起码里程按起码里程计算(如系铁路责任时退还全部票价)。

在发站(或中途站)停止旅行,要求行李仍运至原到站,补收全程(或终止旅行站至到站)的行李和包裹的运费差额。

(1)处理

在郑州站退还柳州—兰州与柳州—郑州的硬座客快票价差额,核收郑州—兰州的行包运费差额。

(2)退还票价差额

① 已收票价

柳州—兰州 2 809 km

硬座客快票价:143.00 元

② 已乘区间票价

柳州— 郑州 1 622 km

硬座客快票价:95.00 元

退还票价差额:143.00－95.00＝48.00(元)

(3)补收运费差额

郑州—兰州 1 187 km

50 kg 行李运费:0.582×50＝29.10(元)

50 kg 三类包裹运费:1.507×50＝75.35＝75.40(元)

补收运费差额:75.40－29.10＝46.30(元)

4.【解】

线路中断后,在停止旅行站(或中途站)退票时,退还已收票价与发站至停止旅行站间票价的差额,发站至停止旅行站不足起码里程按起码里程计算(如系铁路责任时退还全部票价)。

(1)西安站

西安—重庆 1 346 km

硬座客快卧（下）票价:68.00＋13.00＋94.00＝175.00(元)

(2)宝鸡站(水害线路中断)

① 已乘区间票价

西安—宝鸡 173 km

硬座票价:12.00 元

普快票价:2.00 元

卧铺票价:39.00 元(已乘区间不足 400 km 按 400 km 计算)

小计:12.00＋2.00＋39.00＝53.00(元)

② 宝鸡站退还票价

已收票价－已乘区间票价＝175.00－53.00＝122.00(元)(不收退票费)

(3)宝鸡站(行车事故线路中断)

① 已乘区间票价

西安—宝鸡 173 km

硬座票价:12.00 元

普快票价:2.00 元

卧铺票价:0.00 元(已乘区间不足 400 km 退还全部票价)

小计:12.00＋2.00＝14.00(元)

② 宝鸡站退还票价

已收票价－已乘区间票价＝175.00－14.00＝161.00(元)(不收退票费)

第八章　参　考　答　案

一、填 空 题

1. 两

2. 列车长(含副职)

3. 记录要点

4. L

5. X　　XS10:30

二、判 断 题

1. √　　2. √　　3. ×　　4. ×　　5. ×　　6. ×　　7. √　　8. ×　　9. ×　　10. √　　11. √

三、选 择 题

1. B　　2. C

四、简 答 题

1. 【答】

客运记录是指旅客或行李、包裹运输过程中因特殊情况,承运人与旅客、托运人、收货人之间需要记载某种事项或车站与列车之间办理业务交接的文字凭证。

2.【答】

铁路电报主送单位是指具体受理单位或主办单位;抄送单位是指知晓、协办、督促、备案、仲裁的单位。

3.【答】

主送:控制售票、放客的有关站;

抄送:部运输局客运管理处、客调,有关局及本局客运处、客调、本段。

五、综 合 题

1.【解】

对该旅客编制的客运记录如下:

_ _ _南宁_ _ _铁路局　　　　　　客统—1

客 运 记 录

第　　010　　号

记录事由:空调故障,到站退款

柳州站:

该旅客持南昌—柳州新空软座客普快卧(下铺)车票,票号A0001234,乘坐我车软卧车厢,列车运行至株洲站,该车厢空调发生故障不能修复,致使株洲—柳州区段停用,请你站按章退还未使用区段空调票票价。

注:

1. 站、车需要编制记录时均适用。

2. 本记录不能作为乘车凭证。

南宁　站段　编制人员1557次列车长（印）

　　　站段　签收人员　　　　　　（印）

××　年　×　月　×　日编制

2.【解】

车站应编制客运记录如下：

南宁　铁路局　　　　　　客统—1

客 运 记 录

第　　023　　号

记录事由：旅客人身伤害，送往救治

柳州市第三人民医院：

　　×月×日1627次列车进入我站第二站台，下车旅客肖力（女，36岁，柳州市电信局职工），持郑州—柳州硬座客快票，票A000123，通过地道出站，不慎摔倒在台阶上，前额破口，流血不止，我站进行了简单的包扎，现送你院医治。

注：

　　1.站、车需要编制记录时均适用。

　　2.本记录不能作为乘车凭证。

柳州站段　编制人员　××（印）

柳州站段　签收人员　　　（印）

××年×月×日编制

3.【解】

T30 次列车车长拍发电报如下：

铁 路 传 真 电 报

拟稿人

签发　　　　　　　核稿　　　　　　　　　　　　　　　电话

发报所名	电报号码	等　级	受理日	时　分	收到日	时　分	值机员

主送：武昌广播工区

抄送：铁通武汉、广州通信段，广州广播工区，广州客运段

　　5月8日广州始发的 T30 次，运行至郴州站前，列车广播设备(机型×××)发生故障，以致不能播音，请你工区派员上车抢修。本次列车广播室在10号车厢，列车到达武昌站时间为：××：××。

T30 次列车长

2011 年 5 月 8 日于长沙站

4.【解】

该旅客伤亡速报拍发如下：

铁 路 传 真 电 报

拟稿人

签发　　　　　　　核稿　　　　　　　　　　　　　　　电话

发报所名	电报号码	等　级	受理日	时　分	收到日	时　分	值机员

主送：南宁铁路局客运处

抄送：郴运输局客运管理处

　　7月7日17：00时，我站接收1627次列车移交无人护送的精神异常旅客胡思，女，45岁，系黎塘城镇人，持郴州—黎塘新空硬座客普快票，票号 A0006007。正当客运值班员带领该旅客由二站台去客运室途中，该旅客乘人不备，跳入邻线，被通过的货车撞倒轧断双腿，驻站卫生所进行包扎，并立即送往黎塘人民医院，经抢救无效死亡，特此电告。

黎塘站

2011 年 7 月 7 日

5.【解】

1628 次列车列车长应拍发电报如下：

铁 路 传 真 电 报

拟稿人

签发		核稿				电 话		

发报所名	电报号码	等　　级	受理日	时　　分	收到日	时　　分	值机员

主送：株洲—孝感间 1628 次各停车站

抄送：铁运输局客运管理处、客调，广州铁路集团公司、武汉、南宁铁路局客运处、客调，南宁客运段

    2 月 9 日过祁东 1628 次列车严重超员，核座实际定员 1 000 人，现员 1 800 人，其中信阳以远直通客流 950 人，超员率 80%，请各停车站严格控制售票，并组织好旅客乘降，以确保列车安全正点。

1628 次列车长

2011 年 2 月 9 日于衡阳站

第九章　参考答案

一、填 空 题

1. 桂林　　南宁　　崇左　　凭祥
2. 护照号码
3. 4 人包房硬卧　　开放式硬卧
4. 2 人包房软卧　　4 人包房软卧
5. RZD
6. KZD
7. VZD
8. MTZ
9. 卧铺票的 80%
10. $T_{运期}^{行} = t_运 + t_交 + t_延$(d)
11. $T_{运期}^{包裹} = t_发 + t_运 + t_延$(d)
12. 2　　4　　4
13. 35　　15
14. 200
15. 5%　　1.5%

二、判 断 题

1. √ 2. √ 3. × 4. √ 5. × 6. × 7. × 8. × 9. √ 10. × 11. √ 12. √
13. × 14. √ 15. × 16. × 17. × 18. × 19. √ 20. ×

三、选 择 题

1. C 2. A 3. A 4. B 5. B 6. B 7. C 8C 9. B 10. B 11. B 12. B 13. C
14. B 15. A 16. C

四、简 答 题

1.【答】
凡两个以上国家的铁路,在全程运送中,使用国际联运票据办理旅客、行包的运送,就称为国际旅客联运。

2.【答】
国际交界间办理铁路联运业务的车站。
我国办理旅客联运的国境站有 7 个。即丹东、凭祥、河口、二连、满洲里、绥芬河、阿拉山口。

3.【答】
《国际客价》中规定办理旅客联运的车站即为旅客联运站。我国办理国际旅客联运的车站有 30 个。

4.【答】
国际联运旅客列车是指国际铁路间开行的旅客列车。我国国际联运旅客列车有 8 对。

5.【答】
《国际客协》所规定的旅客车票,是国际联运中凭以乘车的票据,有客票、卧铺票和补加费收据。

6.【答】
册页票本含票皮和票页(也称票里),票页由客票、卧铺票(乘坐卧车时)和补加费收据(发生补费时)组成。

7.【答】
分子表示车厢等级。1 表示软席车(一等车);2 表示硬席车(二等车)。
分母表示卧位种类。0 表示开放式;1~4 表示包房式及人数;BC 表示二等包房座卧车。

8.【答】
自发售日起(预售的按客票上注明的乘车日起算)至期满月同日的 24:00 止。期满月没有该日时,则算至该月的最后一天 24:00 止。

9.【答】
旅客因病或特殊情况,在提出证明的条件下,可请求延长有效期。有效期的延长不得超过 2 次,每次不得超过 2 个月。

10.【答】
发车前 5 d 之前可改签,不收手续费;发车前 5 d 以内不办理改签。

11.【答】
发车前 5 d 之前可办理退票,不收手续费;发车前 5 d 以内不办理退票。

12.【答】

在客票背面记载实乘径路,由于变径导致变更运行路别时,则应填发一张附加费收据,并在其背面注明新的径路和经由的国家铁路名称。

13.【答】

从变径站起,向旅客核收新、旧径路票价差额,填发补加费收据。

14.【答】

儿童不满 4 周岁,不单独占用席位,并每名成人旅客只限带 1 名儿童。

15.【答】

免费儿童或购买儿童票的儿童单独使用卧铺时,应购买儿童客票和全价卧铺票。

16.【答】

儿童客票的票价为成人票价的 50%。团体票对于单程乘车时,客票减成 25%;往返乘车时,减成 40%。但无论儿童或团体对卧铺票一律不予减成。

17.【答】

在护照和行政当局的许可下,可中途下车,并不限次数,但不得延长有效期。中途下车,卧铺票即行失效,并应在下车 3 h 以内办理签注。

18.【答】

列车长应注意检查乘车票据的日期、车次、到站、座别及其完整性。即判明是否有效、确认乘车人数、认别乘车区段。

发现违章或无票乘车,根据所在铁路的规章核收罚款、票价和补加费。旅客如继续乘车应购买乘车票据。

19.【答】

根据旅客要求的乘车径路,在《国际客价》里程表中查出经由的每一国家铁路里程,按照旅客提出的车厢等级,再根据《国际客价》客票基础票价表费率并考虑系数,分别按每一铁路的运送里程分段进行计算,然后加总即得。

20.【答】

首先确定每一运送路别里程,并查出 10 kg 的基础运费及计算系数,分别计算各运送路别的运费,然后加总即得。

五、综 合 题

1.【解】

(1)中铁

南宁—凭祥国境线 234 km

票价:$12.19 \times 3.81 = 46.4439 \approx 46.44$(SFR)

(2)越铁

河内—同登国境线 167 km

票价:$9.13 \times 1.7 = 15.521 \approx 15.52$(SFR)

(3)应收全程票价

$(46.44 + 15.52) \times 7.82 = 61.96 \times 7.82 = 484.5272 \approx 485.00$(元)

2.【解】

南宁—同登 $234 + 5 = 239$(km)

票价:7.17×1.13＝8.102 1≈8.10(SFR)

折人民币:8.10×7.82＝63.342≈64.00(元)

同登—河内 162 km

票价:4.02×1.5＝6.03(SFR)

折人民币:6.03×7.82＝47.154 6≈48.00(元)

注:填发二张国际联运卧铺票。

3.【解】

(1)中铁

南宁—凭祥国境线 234 km

运费:0.48×90/10×1.77＝7.646 4≈7.65(SFR)

(2)越铁

河内—同登国境线 167 km

运费:0.36×90/10×1.0＝3.24(SFR)

(3)全程行李运费

7.65＋3.24＝10.89(SFR)

(4)折人民币

10.89×7.82＝85.159 8≈85.20(元)

4.【解】

(1)中铁

南宁—凭祥国境线 234 km

运费:0.84×190/10×1.77＝28.249 2≈28.25(SFR)

(2)越铁

河内—同登国境线 167 km

运费:0.65×190/10×1.0＝12.35(SFR)

(3)全程包裹运费

28.25＋12.35＝40.60(SFR)

(4)折人民币

40.60×7.82＝317.492≈317.50(元)

第十章　参 考 答 案

一、填 空 题

1. 一人　　一人一票

2. 1　　3

3. 各种旅客列车(国际列车及时速 300 km 以上动车组列车除外)

4. 二等

5. 机车乘务员　　运转车长

6. 免费　　5　　10

7. 20　　20

二、判 断 题

1. ×　2. ×　3. √　4. ×　5. ×　6. ×　7. ×　8. √　9. ×　10. ×　11. √　12. ×
13. ×

三、选 择 题

1. B　2. C　3. A　4. C　5. A

四、简 答 题

1.【答】

路内运输是指铁路内部因工作、生活需要而产生的人员和物资的运输。

2.【答】

(1)铁路职工。

(2)《铁路乘车证管理办法》中规定可以使用的其他人员。

3.【答】

铁路职工(含路外符合使用乘车证的人员)出差、驻勤、开会、调转、赴任、护送等,以本人开始乘坐本次列车时刻计算,以 20:00 至次日 7:00 之间,在车上过夜 6 h 或连续乘车超过 12 h以上的,准予免费使用卧铺。

4.【答】

在铁路乘车证票面上加添、涂改、转借、超过有效期限或超过有效区间乘车,未持规定的有关证明、证件或持伪造证明、证件的均视为违章使用乘车证。超出规定条件使用乘车证者,也按违章使用乘车证处理。

5.【答】

持用全年定期、通勤、就医乘车证及便乘证免于签证;持用临时定期、软席乘车证、硬席乘车证、探亲证及乘坐时速 200 km 动车组二等车的各种铁路乘车证必须办理签证。

6.【答】

(1)限电务、工务、衡器等检修人员的维修器材。

(2)凭路局发给的携带器材乘车凭证。

(3)只准乘管内客车,携带品放在乘务员指定的位置。

五、综 合 题

1.【解】

(1)处理依据

使用借用他人的临时定期乘车证乘车,属违章乘车。按所乘列车等级、席别、区间补收票价,并核收已乘区间应收票价 50% 的加收票款及手续费。还应自有效日期 2011 年 8 月 21 日始至发现违章日期 2011 年 10 月 20 日止(票面填写的乘车区间沈阳—长春同在一个局管内),按每日乘车 50 km 计收客票票价的罚款,计算后低于 50 元的按 50 元核收。同时查扣其乘车证及有关证件上交铁路局收入部门。上交时应编制客运记录,注明违章情况。

根据以上所述,沈阳站应对旅客王芬按无票处理,并核收罚款。同时编制客运记录,查扣王建乘车证上交沈阳铁路局收入部门。

（2）计算应补收的票价、票款及手续费

① 应收票价

沈阳—长春 305 km

返程发现违章，应按往返里程计算：305×2＝610（km）

硬座客票票价：35.00 元

快速加快票价：12.00 元

②加收已乘区间应收票价 50% 的票款

（35.00＋12.00）×50%＝23.50（元）

③罚款

票面区间在一个铁路局，按每日乘车 50 km 计算硬座客票票价为 3.5 元，8 月 21 日～9 月 1 日共计 12 d，合计罚款为 3.50×12＝42.00 元，应按起码罚款 50 元核收。

④手续费

2.00 元。

⑤合计

35.00＋12.00＋23.50＋50.00＋2.00＝122.50（元）

（3）填制客运运价杂费收据和客运记录

沈阳　铁路局　　　　　　　　　客统—1

客 运 记 录

第　88　号

记录事由：查扣借用硬席临时定期乘车证

沈阳铁路局收入处：

2011年9月1日，我站按章验票时发现旅客王泰，持借用沈阳

水电段工程师王建硬席临时定期乘车证乘车，票面乘车区间为

沈阳—长春，票号YLb063641，有效期为8月21日～10月20日，

我站已照章补收票款。现将查扣的乘车证摘章呈报。

注：
1. 站、车需要编制记录时均适用。
2. 本记录不能作为乘车凭证。

沈阳　站段

编制人员　××　（印）

站段　签收人员　　　（印）

2011 年　9 月　1 日编制

丙

沈 阳 铁 路 局

客运运价杂费收据

2011 年 9 月 1 日　　　　(报告用)

原票据	种别	日期	2011.8.21~2011.10.20	月　日　时到达、通知、变更		
	硬席临定乘车证	号码	YLb063641	月　　日　　时　　交付		
		发站	沈阳			
		到站	长春	核收保管费　　　　日		

核　收　区　间	核　收　费　用			款　　额
	种别	件数	重量	
自　　长春　　站	客快速票价			47.00
至　　沈阳　　站	加收票款			23.50
经由（　　　）	罚　款			50.00
座别　硬　人数　壹	手续费			2.00
	合　　计			122.50

记事	乘车证收回，随客运记录88号上报铁路局收入部门。

　　　　沈阳　　站经办人　　印　　印

150毫米×130毫米

A 000000

2.【解】

(1)处理依据

旅客借用定期通勤乘车证属违章乘车,按无票处理。按所乘列车等级、席别、铺别、区间补收票价,并核收已乘区间应收票价50%的加收票款及手续费。还应按票面填写的席别、乘车区间,自有效月份2011年1月起至发现违章月份2011年4月止,按每月一次往返里程通算计收客票票价的罚款。同时查扣其乘车证及有关证件上交铁路局收入部门。上交时应编制客运记录,注明违章情况。

根据以上所述,2237次列车应对旅客王娜按无票处理,并核收罚款。同时编制客运记录,查扣定期通勤乘车证上交成都铁路局收入部门。

(2)计算应补收的票价、票款及手续费

①应收票价

柳州—来宾 70 km

硬座客票票价:4.50元

普快票价:1.00元

②加收已乘区间应收票价50%的票款

$(4.50+1.00)\times50\%=2.75\approx2.80$(元)

③罚款

自有效月份起至发现违章月份止,每月一次往返里程通算计收客票票价。

违章次数4次、往返里程为140 km,硬座客票票价为9.00元。

合计罚款:$9.00\times4=36.00$(元)

④手续费

手续费:2.00元

⑤合计

$4.50+1.00+2.80+36.00+2.00=46.30$(元)

(3)填制代用票和客运记录

A 000000

成 都 铁 路 局

Ⓡ **代 用 票**

2011 年 4 月 1 日乙 （旅客）

事 由	借用

120毫米×185毫米

A 000000

原 票	种 别		日 期	2011年4月1日	座 别	硬
	定期通勤乘车证		号 码	DTa054321	经 由	
			发 站	柳州	票 价	
			到 站	来宾	记 事	

自 柳州 站至 来宾 站	经由	
	全程	70 千米

加收 柳州 至 来宾 间 50% 客快 票价	2.80
补收 柳州 至 来宾 间 4次往返里程客票 票价	36.00
限乘当日第 2237 次列车 客票票价	4.50
于当日月 当次 日到达有效 普快票价	1.00

座 别	人		数	卧票价	
硬	全 价		壹	手续费	2.00
	半 价		#		
	儿 童		#	合 计	46.30

记事	乘车证收回，随客运记录88号上报铁路局收入部门。

Ⓧ 贵 段第 2237 次列车列车长 印 印

站售票员 印

注意事项 ①核收票价与剪断线不符时，按无效处理（不足
10元的除外，超过万元的保留最高额）。
②撕角、补贴、涂改即做无效。　A 000000

拾元 9 8 7 6 5 4 3 2 1

佰元 9 8 7 6 5 4 3 2 1

仟元 9 8 7 6 5 4 3 2 1

```
                            成 都  铁路局           客统—1
                    客  运  记  录

                            第    88    号

        记录事由：查扣借用的定期通勤乘车证
            成都铁路局收入处：
            2011年4月1日，我车按章验票时发现旅客王娜借用柳州工务段
        刘丽的柳州—来宾的全年定期通勤乘车证乘车，我车已监章补收票
        款。现将查扣的DTa054321号乘车证缮章呈报。


        注:
            1.站、车需要编制记录时均适用。
            2.本记录不能作为乘车凭证。
              站             编制人员 2237次   (印)
           贵阳段                   列车长
              站             签收人员        (印)
              段
            2011 年  4 月  1 日编制
```

3.【解】

(1)处理依据

持用定期通勤、通勤、通学、定期就医、就医、软席乘车证、硬席乘车证,除换乘外,中途下车无效,属违章乘车。按所乘列车等级、席别、区间(单程或往返)补收票价,并核收已乘区间应收票价 50%的加收票款及手续费。

根据以上所述,邯郸站对此名旅客应按无票处理,补收票价,并加收已乘区间应补票价50%的票款及手续费。

(2)计算应补收的票价、票款及手续费

① 应收票价

安阳—邯郸 60 km

新空硬座客快速票价:12.00 元

② 加收已乘区间应补票价 50%票款

12.00×50%＝6.00(元)

③ 手续费

手续费：2.00 元

④ 合计

12.00＋6.00＋2.00＝20.00(元)

(3)填制客运运价杂费收据

丙

北 京 铁 路 局

客运运价杂费收据

2011 年 3 月 12 日　　　　　　(报告用)

原票据	种 别	日期		月 日 时到达、通知、变更	
		号码		月　　日　　时　　交　付	
		发站			
		到站		核收保管费　　　　　日	

核　收　区　间	核 收 费 用			款　　额
	种别	件数	重量	
自_____安阳_____站	新空客快速票价			12.00
至_____邯郸_____站	加收票款			6.00
经由(　　　)	手续费			2.00
座别 硬 人数 壹	合　　　计			20.00

记事	K234 次到站发现，持通勤乘车证 DTb788136 号，中途下车。

_____邯郸_____站经办人___印___印

A 000000

150毫米×130毫米

4.【解】

(1)处理依据

铁路衡器管理所检修工作人员,持证明到各站检定、修理衡器时,可凭书面证明免费托运砝码和衡器配件。运费免收,装车费为2件4.00元,包裹票记事栏注明"衡器检修,免费"字样。收回书面证明随包裹票报告页上报。

(2)车站填制包裹票

中铁快运股份有限公司

包 裹 票

甲

（报告）

A000000　　　　2011　年 4 月 1 日

到　鹿寨　站　　　　　经由　　　　　　站

托运人	单位姓名:	赵江			电　话:	3437822
	详细地址:	柳州铁路衡器所			邮政编码:	545004
收货人	单位姓名:	赵江			电　话:	3232456
	详细地址:	鹿寨站			邮政编码:	530001

顺号	品　名	包装种类	件数	实际重量	声明价格	运价里程	50千米
						运到期限	3 日
1	砝码衡器配件	木箱	2	80		计费重量	千克
2						运　费	——元
3						保价费	——元
						杂　费	4.00元
						合　计	4.00元
						月 日	次列车到达
						月 日 时	通知
合　计			2	80		月 日	交 付

记事　衡器检修、免费。
杂费明细:装车费4.00元。

柳州　营业部经办人　印　㊞

B0000000000000000000000

（宁分）包裹票号码:A000000

5.【解】

(1)处理依据

借用硬席临时定期乘车证,又超过了乘车区间乘车,均属违章乘车。按无票处理,并自有效日期 2011 年 3 月 1 日起至发现违章日期 2011 年 4 月 15 日止,票面填写的乘车区间石家庄—北京,在一个铁路局以内的,按每日乘车 50 km 计收客票票价的罚款,计算后低于 50 元的按 50 元核收。同时查扣其乘车证及有关证件上交铁路局收入部门。上交时应编制客运记录,注明违章情况。

根据以上所述,天津站应对该旅客按无票处理并核收罚款。同时编制客运记录,查扣硬席临时定期乘车证上交北京铁路局收入部门。

(2)计算应补收的票价、票款及手续费

①应收票价:

石家庄——京——天津 420 km

新空硬座客特快票价:63.00 元

②加收已乘区间应补票价 50%票款

63.00×50%=31.50(元)

③罚款

石家庄—北京乘车区间在一个局管内,按 50 km 计算,硬座客票票价为 3.50 元

3 月 1 日~4 月 15 日,共 46 d,计罚款为 3.50×46=161.00(元)

④手续费

手续费:2.00 元

⑤合计

63.00+31.50+161.00+2.00=257.50(元)

(3)填制客运运价杂费收据和客运记录

北京 铁路局   客统—1

客 运 记 录

第 404 号

记录事由：查扣借用硬席临时定期乘车证

北京铁路局收入处：

2011年4月15日，我站按章验票时发现旅客胡丽丽，持借用的石家庄—北京的硬席临时定期乘车证公YLb494228乘车，我站已照章补收票款。现将查扣的乘车证循章呈报。

注：

1. 站、车需要编制记录时均适用。
2. 本记录不能作为乘车凭证。

天津站段 编制人员 ×× （印）

站段 签收人员 （印）

2011 年 4 月 15 日编制

丙

北 京 铁 路 局

客运运价杂费收据

2011 年4月15日　　　　　(报告用)

原票据	种 别	日期	2011.3.1~2011.5.31	月 日 时到达、通知、变更		
	硬席临时定期乘车证	号码	公YLb494228	月 日 时交 付		
		发站	石家庄			
		到站	北京 11	核收保管费　　　　日		

核 收 区 间	核 收 费 用			款　额
	种别	件数	重量	
自 _____石家庄_____ 站	新空客特快票价			63.00
至 _____天津_____ 站	加收票款			31.50
经由(　京　)	罚 款			161.00
座别 硬 人数 壹	手续费			2.00
	合　　计			257.50

记事	T523次下车，收回借用硬席临时定期乘车证公YLb494228，随客运记录404号上报铁路局收入部门。

_____天津_____ 站经办人 _____印_____ 印

A 000000

150毫米×130毫米

6.【解】

(1)处理依据

使用涂改的通勤乘车证乘车,属违章乘车。按无票处理,并自有效日期 2010 年 1 月 1 日起至发现违章日期 2011 年 5 月 14 日止,票面填写的乘车区间石家庄—太原分属北京和太原两个铁路局,按每日乘车 100 km 计收客票票价的罚款。同时查扣其乘车证及有关证件上交铁路局收入部门。若当时无力补票,应由铁路局依据规定向违章职工单位发函,追补应收票款及罚款。上交时应编制客运记录,注明违章情况及应收票款的款额。

根据以上所述,太原站应对该名旅客按无票处理并核收罚款。同时编制客运记录,查扣通勤乘车证上交铁路局收入部门。因刘占当时无力补票,应由铁路局依据规定向违章职工单位发函,追补应收票款及罚款。

(2)计算应补收的票价、票款及手续费

①应收票价

石家庄—太原 231 km

新空硬座客快速票价:38.00 元

②加收已乘区间应补票价 50%票款

38.00×50%＝19.00(元)

③罚款

乘车区间跨两个铁路局,按 100 km 计算,硬座客票票价为 7.00(元)

2010 年 1 月 1 日～2011 年 5 月 14 日共 500 d 合计罚款为 7.00×500＝3 500.00(元)

④手续费

手续费:2.00 元

⑤合计

38.00＋19.00＋3 500.00＋2.00＝3 559.00(元)

(3)填制客运记录

太原 铁路局 　　　　　　　　　客统—1

客 运 记 录

第　　405　　号

记录事由：查扣涂改的铁路乘车证

　　太原铁路局收入处：

　　2011年5月14日，我站K519次出站收票时，发现石家庄建筑段工人刘占持用2010年度涂改为2011年度石家庄—太原通勤乘车证DTa504037号，刘占当时无力补票。据规定，应补收票款3 557.00元及手续费2.00元，共计3 559.00元。现将查扣的乘车证及工作证（京字第08970号）上报路局处理。

注：

　　1. 站、车需要编制记录时均适用。

　　2. 本记录不能作为乘车凭证。

太原　站
　　　段　编制人员　　　　（印）
　　　站
　　　段　签收人员　　　　（印）

2011 年　5　月　14　日编制

7.【解】

(1)处理依据

使用涂改的往返软席乘车证,属违章乘车。按所乘列车等级、席别、区间补收票价,并核收已乘区间应收票价 50% 的加收票款及手续费。同时查扣其乘车证及有关证件上交铁路局收入部门。上交时应编制客运记录,注明违章情况。

根据以上所述,石家庄站应对该名旅客按无票处理。同时编制客运记录,查扣往返软席乘车证上交铁路局收入部门。

(2)计算应补收的票价、票款及手续费

①应收票价

西宁 ——兰、郑—— 石家庄 1 815 km

新空软座客特快票价:332.00 元

②加收已乘区间应补票价 50% 票款

$332.00 \times 50\% = 166.00$(元)

③手续费

手续费:2.00 元

④合计

$332.00 + 166.00 + 2.00 = 500.00$(元)

(3)填制客运运价杂费收据、客运记录

北 京 铁路局　　　　客统—1

客 运 记 录

第　　406　　号

记录事由:查扣涂改的软席往返乘车证

　北京铁路局收入处:

　2011年4月17日,我站按章出站验票时,发现旅客钱部持用将1月涂改为4月,有明显涂改痕迹的软席往返乘车证RXh109136乘车,我站已照章补收票款。现将查扣的乘车证随章呈报。

注:
1. 站、车需要编制记录时均适用。
2. 本记录不能作为乘车凭证。

石家庄 站
段　　编制人员　　××（印）

站
段　　签收人员　　　　（印）

2011 年　4 月　17 日编制

丙

北 京 铁 路 局

客运运价杂费收据

2011 年4月17日　　　　（报告用）

原票据	种别	日期	2011.1.1~2011.1.31	月　日　时到达、通知、变更		
	软席乘车证	号码	RXh109136	月　日　时　交　付		
		发站	西宁			
		到站	石家庄	核收保管费　　　　　日		

核　收　区　间	核　收　费　用			款　　额
	种别	件数	重量	
自_____西宁_____站	新空客特快票价			332.00
至_____石家庄_____站	加收票款			166.00
经由（　兰、郑　）	手续费			2.00
座别　软　人数　壹	合　　计			500.00

记事	T152次下车，收回涂改的软席往返乘车证RXh109136，随客运记录406号上报铁路局收入部门。

_____石家庄_____ 站经办人　印　　　印

A 000000

150毫米×130毫米

第十一章 参考答案

一、填空题

1. 时限紧急 组织工作复杂 保密要求高
2. 特殊 重点 一般
3. 非正常人员伤亡 物质损失 延误军事运输任务
4. 后付 现付
5. 实际发到站 实乘人数 座(铺)别
6. 首乘列车
7. 35 25

二、判断题

1. ✕ 2. ✕ 3. ✓ 4. ✓ 5. ✕ 6. ✕ 7. ✕ 8. ✓ 9. ✓ 10. ✕ 11. ✓ 12. ✕
13. ✕ 14. ✓

三、选择题

1. A 2. C 3. C 4. C 5. A

四、简答题

1.【答】
军运后付是指部队或军工单位办理军事运输时,不付现款,而由铁道部财务司和总后军交部或由铁路局财务处(收入处)和军区后勤部军交运输部,事后根据"军运费清算表"进行结算。

2.【答】
(1)粗线内各栏由托运部队填写。
① 一般运输:各栏按实际情况填写。
② 重点、特殊运输:不填到站和收货部队代号,其余各栏如实填写。
③ 尖端保密产品、国防保密物资运输和上级有特殊要求的运输:仅填写军运号、付费号、车种、吨位(定员)、车数,记事栏注明"△"标记。
(2)细线栏由铁路填制,按使用车辆,如实填写。

3.【答】
退伍老兵每年从 11 月 25 日开始起运,12 月 31 日基本结束;入伍新兵从 12 月 10 日开始起运,至 12 月 31 日止。为此,每年 11 月下旬至 12 月下旬为新老兵运输期限。

4.【答】
新老兵运输采取整批军运和零星购票相结合进行,主要有四种方式:一是组织专用客车底循环套用;二是选用部分旅客列车送;三是在旅客列车中预留车厢;四是零星购票。

5.【答】
退伍老兵托运的行李由部队负责检查,团以上机关盖章施封,车站可凭施封条免检承运。

五、综 合 题

1.【解】

军后代用票填制如下：

A 000000	哈 尔 滨 铁 路 局

代 用 票

2011 年 7 月 14 日 乙（旅客）

A 000000

事由	军后						

原票	种 别	日 期	年 月 日	座 别
	号 码		经 由	
	发 站		票 价	
	到 站		记 事	

自 哈尔滨 站至 ╱ 站	经由 ╱
	全程 ╱ 千米

加收 ╱ 至 ╱ 间 ╱ 票价
补收 ╱ 至 ╱ 间 ╱ 票价
限乘当日第 T18 次列车　客票票价
于 月 日到达有效　快票价

座 别	人 数	卧票价
铁	全 价	#	手续费
	半 价	叁拾陆	
	儿 童	#	合 计

9 8 7 6 5 4 3 2 1 拾元

9 8 7 6 5 4 3 2 1 佰元

9 8 7 6 5 4 3 2 1 仟元

记事	军运号 082002，后付凭证 6034567，付费号 201，RW50976 定员 36。T18 次挂运。

⊗ ╱ 段第 ╱ 次列车列车长 ╱ 　印 印

哈尔滨 站售票员 印 印

注意事项	①核收票价与剪断线不符时，按无效处理（不足 10 元的除外，超过万元的保留最高额）。②撕角、补贴、涂改即做无效。

A 000000

120毫米 × 185毫米

2.【解】

军后代用票填制如下：

A 000000	西安铁路局	A 000000

🚄 代 用 票

2011 年 2 月 1 日乙（旅客）

事由	军后						

原票	种 别		日 期	年 月 日		座 别	
		号 码			经 由	
		发 站			票 价	
		到 站			记 事	

| 自 柳州 站至 —— 站 | 经由 —— | |
| | 全程 —— 千米 | |

加收 —— 至 —— 间 —— 票价

补收 —— 至 —— 间 —— 票价

限乘当日第 1628 次列车 客票票价

于 月 日到达有效 快票价

| 座 别 | 人 数 | 卧票价 |

硬	全 价	#	手续费
	半 价	贰佰叁拾陆	
	儿 童	#	合 计

| 记事 | 军运号 72003，后付凭证 0289953，付赀号 201，YZ30301 定员 118，YZ30976 定员 118。 |

⊗ —— 段第 —— 次列车列车长 —— 印

柳州 站售票员 印

| 注意事项 | ①核收票价与剪断线不符时，按无效处理（不足10元的除外，超过万元的保留最高额）。②撕角、补贴、涂改即做无效。 |

A 000000

右侧剪断线数字：
拾元 9 8 7 6 5 4 3 2 1
佰元 9 8 7 6 5 4 3 2 1
仟元 9 8 7 6 5 4 3 2 1

A 000000

120毫米×185毫米

参 考 文 献

[1] 中华人民共和国铁道部 . 铁路旅客运输规程 . 北京:中国铁道出版社,2010.

[2] 中华人民共和国铁道部 . 铁路客运运价规则 . 北京:中国铁道出版社,1997.

[3] 中华人民共和国铁道部 . 铁路旅客运输办理细则 . 北京:中国铁道出版社,2010.

[4] 中华人民共和国铁道部 . 铁路旅客运输管理规则 . 北京:中国铁道出版社,1995.

[5] 彭进 . 铁路客运组织 . 北京:中国铁道出版社,2009.

[6] 铁道部人才服务中心 . 铁路职业技能鉴定(客运)参考丛书 . 北京:中国铁道出版社,2009.

[7] 铁路合作组织 . 国际客运运价规程 . 北京:中国铁道出版社,1999.

[8] 铁路合作组织 . 国际旅客联运协定 . 北京:中国铁道出版社,2010.

[9] 铁路合作组织 . 国际旅客联运协定办事细则 . 北京:中国铁道出版社,2010.